企业年金决策研究：内在动力和外部条件

于新亮　著

中国财经出版传媒集团

经济科学出版社
Economic Science Press

图书在版编目（CIP）数据

企业年金决策研究：内在动力和外部条件／于新亮著．
—北京：经济科学出版社，2018.6
ISBN 978 - 7 - 5141 - 9399 - 2

Ⅰ．①企… Ⅱ．①于… Ⅲ．①企业 - 年金保险 - 研究 -
中国 Ⅳ．①F842. 629

中国版本图书馆 CIP 数据核字（2018）第 123508 号

责任编辑：白留杰 程新月
责任校对：李淑敏
责任印制：李 鹏

企业年金决策研究：内在动力和外部条件
于新亮 著
经济科学出版社出版、发行 新华书店经销
社址：北京市海淀区阜成路甲 28 号 邮编：100142
教材分社电话：010 - 88191309 发行部电话：010 - 88191522
网址：www. esp. com. cn
电子邮件：bailiujie518@ 126. com
天猫网店：经济科学出版社旗舰店
网址：http://jjkxcbs. tmall. com
北京季蜂印刷有限公司印装
710 × 1000 16 开 12 印张 170000 字
2018 年 8 月第 1 版 2018 年 8 月第 1 次印刷
ISBN 978 - 7 - 5141 - 9399 - 2 定价：36. 00 元
（图书出现印装问题，本社负责调换。电话：010 - 88191510）
（版权所有 侵权必究 举报电话：010 - 88191586
电子邮箱：dbts@ esp. com. cn）

序

　　社会保障制度，关系人民幸福安康，关系国家长治久安，改革开放四十年以来，已逐步从国有企业改革和社会主义市场经济的配套措施，发展成为国家社会经济制度的核心组成部分。党的"十九大"报告中明确提出，要按照兜底线、织密网、建机制的要求，全面建成覆盖全民、城乡统筹、权责清晰、保障适度、可持续的多层次社会保障体系。在组织方式上，要坚持以政府为主体，积极发挥市场作用。具体而言，就是要促进基本医疗保险、大病保险、补充医疗保险、商业健康保险协同发展，推进基本养老保险、企业（职业）年金与个人储蓄性养老保险、商业保险有效衔接，积极构建医疗保险体系和养老保险体系，不断满足人民群众多样化多层次的保障需求。

　　本人在三十年的保险专业求学、教学和科研生涯中，深深感悟到两点：保险的研究离不开社会保障的大环境，否则将缺乏更高的视野和格局；而社会保障的研究也需要保险的经济学理念和方法，否则将无法保证其可持续发展。近年来，养老保障和医疗保障越来越成为经济学、管理学和社会学等多个学科交叉研究的热点话题，一大批优秀的青年学者成果斐然。宋占军、于新亮和谢明明三位博士的专著正是其中的代表。

　　宋占军博士的《城乡居民大病保险政策评估》以正在实施的大病保险政策为研究对象，遵循政策设计——政策落实——政策效果的思路，以卫生经济学、保险经济学、公共管理与政策为理论基础，综合运用计量经济学、数据包络分析（DEA）、非寿险精算等技术方法，从高额医疗费用保障水平、基金收支平衡和经办管理方式等三个方面对大病保险进行政策评估。评估发现，现有政策下大病保险对高额医疗费用患者和中低收入患者的保障仍然不足，在基金总量有限的背景下，大病保险保障方案需要优先向低收入人群倾斜，以体现政府对弱势群体的托底责任。同时，在现有的筹资基础上，应将专项财政补助、医疗救助基金、个人缴费纳入筹资来源，建立预算化常态投入机制，最终形成待遇和缴费多层次的对应关系。专著对大病保险的运行经验的全面分析，将为我国重特大疾病保障机制的创新发展提供重要的依据。

于新亮博士的《企业年金决策研究：内在动力和外部条件》利用大量数据对企业年金购买的经济后果和影响因素进行了深入探究。其重要发现在于：企业年金不仅是对我国基本养老保险制度的补充，还具有提高企业生产率的现实价值，而连续地提供企业年金计划是充分利用这一效应的关键；企业年金通过"甄别效应"和"激励效应"两个方面促进提高员工的生产效率，企业年金决策受到税收优惠政策和其他激励机制的影响。企业年金未来发展前景广阔，有待不断变革，对完善整个社会的养老保障体系将发挥更大作用。

谢明明博士的《城乡居民大病保险基金风险研究——基于收支平衡与精准保障的视角》从基金收支平衡和精准保障的视角对大病保险的基金风险进行研究，核心是如何提高大病保险支付的精准性，提升大病保险基金使用效率，使有限的大病保险基金发挥最大的保障效果，有效解决因病致贫返贫问题。该研究还探讨了医疗保险促进医疗服务利用的双重效应——道德风险和医疗需求释放，以区分医疗保险促进医疗费用增长的合理部分和不合理部分，分析了合理扩展合规医疗费用的途径，并设计了针对低收入人群大病保障的"基本医保＋大病保险＋大病补充保险＋医疗救助"的综合保障模式。

本人自2003年回国任教以来，深感教书育人的最大收获是那一年又一年绵延不断的师生亲情。宋占军、于新亮和谢明明分别是本人指导的2015届、2016届和2017届博士生，也是本人研究团队的核心成员，我们亦师亦友，至今保持密切联系和合作交流。他们目前已分别就职于北京工商大学、山东财经大学和郑州大学，值得我欣慰的是，无论是求学还是任教，他们在学术研究、项目写作、课堂教学、学生培养等方面始终秉承"不论宏观微观，一定要保持客观；不说空话套话，一切以数据说话""板凳要坐十年冷，文章不写半句空"的态度和理念。相信他们未来在职业生涯中一定会有所建树，大展宏图。也祝愿他们能精进不休，成为未来保险和社会保障领域的一时先进。

朱铭来
2018 年 7 月于南开园

前　　言

我国现行养老保障体系在满足绝大多数民众最基本养老需求方面成就显著，但在新形势下面临挑战，特别是作为主要支柱的基本养老保险，面临筹资来源后劲不足，保值增值能力有限，支付压力增加、缺口巨大，实际保障水平不增反降等多方面压力，兼顾可持续和高保障早已分身乏术。而我国企业年金无论规模还是发展速度均远远低于市场预期，更在 2013 年增长速度连续两年大幅上升情况下首度下滑，到 2014 年底，新增覆盖企业数和职工数为近年来的最低值。可见，企业年金个人所得税递延纳税优惠政策效力并不明显，税收优惠政策依然没有推动企业年金在中国多层次社保体系中承担起第二支柱应有的作用。在主要发达国家，企业年金已成为一项普遍的制度安排，而我国则仍处于很低的水平，理应引起注意和思考。

同时，党的十九大报告指出，我国经济已由高速增长阶段转向高质量发展阶段，正处在转变发展方式、优化经济结构、转换增长动力的攻关期。从企业层面来看，这意味着企业需要提高管理和组织效率、提高技术水平、提高产品及服务的价值，以此达到更高的效率和效益水平。从经济学角度来看，这将表现为企业的生产率得到不断提高。

完善社会保障制度和提高企业生产率，这两个方面都是我国实现发展转型，形成新发展方式的题中之意。大量针对其他国家的理论及实证研究均表明，在我国仅被更多地视为在社会福利制度中起到对基本养老保险以补充作用的企业年金计划，其实同时也是一项能够有效促进提高企业生产率的激励制度。目前的研究、舆论和实践均过分强调甚至夸大了企业年金在合理避税和隐性福利方面的作用，而长期忽视了提高生产率才是企业积极建立年金计划的根本动力，认识到企业年金的"生产率效应"，建立企业年金便水到渠成。

从大量文献也可以看出，国外企业年金的实践比较成熟，研究内容和方法多样。相比之下，有关我国企业年金的研究，特别是微观层面的实证分析亟待充实。基于此，本书利用微观数据检验以下几个命题：第一，中国企业是否可以通过年金计划提高企业生产率，以及这种效应是否是长期持续的，并进一步系统地检验企业年金促进提高企业生产率的实现路径；第二，企业年金的人力资本管理功能作为其发挥生产率效应的路径之一，是如何提升员工效率的；第三，企业年金决策如何受到税收优惠效应和其他激励机制的替代效应等外部因素的影响。

首先，利用2010~2013年上海证券交易所上市企业年报数据，实证检验了企业年金促进企业生产率提高的"生产率效应"及其时效性，并通过中介效应模型系统检验了其实现路径，得出以下几点结论：第一、建立企业年金的企业生产率高于未建立的企业生产率，企业年金具有提高企业生产率的"生产率效应"。第二，对于中国企业来说，企业年金之所以具有"生产率效应"，是通过提高员工总体素质水平、增加培训投入和增加企业财务宽松等机制实现的，但没有表现出通过提升高管经营绩效而发挥作用。第三，建立企业年金对此后若干年的企业生产率仍具有促进作用，也就是有"滞后效应"，但会逐渐减弱，原因在于对于单一年度的企业年金而言，其各项作用机制是有时效性的，会随着滞后期的延长而相继失效；而连续建立企业年金对生产率产生"叠加效应"，也就是在连续建立年金期间，当期效应和"滞后效应"的叠加令企业生产率得到进一步提高。研究结果表明，企业年金不仅是对我国基本养老保险制度的补充，还具有提高企业生产率的现实好处，而连续地提供企业年金计划是充分利用这一效应的关键。

其次，基于2012年中国家庭金融调查中的企业员工数据并在考虑了内生性问题的基础上对此进行了实证分析，研究表明：第一，基于工具变量Probit模型的实证结果表明，高生产率员工更有可能选择加入企业年金，说明企业年金具有在信息不对称情况下甄别高生产率员工的"甄别效应"。进一步地，基于二元 Probit 模型的实证结果表明，具有较高生产效率的员工普遍具有较低的主观贴现率，更加看重未来价值，因而加入企业年金的意愿更强烈，由此构成了企业年金具有"甄别效应"的内在机制。第二，基于处理效应模型的实证结果表明，参加企业年金的处理组员工与未参加企业年金的对照组员工相比，生产效率更高，说明企业年金具有提高员工生产率的"激励效应"。进一步地，基于倾向得分匹配法的推算结果表明，参加企业年金令员工的生产效率从 5.3181 个单位提升到 11.1149 个单位，提升了近 6 个单位，说明"激励效应"效果明显。

再次，利用我国各上市公司 2012 年企业年报数据，建立企业年金决策的 Tobit 模型，分析影响企业年金决策的外在因素。我们不难发现：第一，我国上市企业的企业年金决策受到高管持股比例、实际所得税率、企业规模以及人力资本水平等因素的影响。整体而言，高管持股比例较低、实际所得税率较高、企业规模较大以及雇员素质较高的企业更加倾向于建立较高水平的企业年金，而企业融资环境和股市预期并未对企业年金决策产生明显作用。第二，企业年金决策具有税收优惠效应，即企业缴税越高，越有可能采用企业年金。企业实际所得税率与企业年金规模正相关。具体而言，不同所有制形式的企业，其企业年金决策对各影响因素的敏感度存在较大差异，相对于国有控股企业更加积极地建立企业年金以利用税后优惠政策降低其实际所得税率，非国有控股企业，特别是民营企业，其建立企业年金的积极性更加受限于自身规模和融资环境，造成当前税收优惠政策对非国有控股企业建立企业年金的激励作用十分有限。第三，企业年金决策同其他激励机制存在替代效应，即高管持有公司股权的比例越低，越有可能采用企业年金。高管持有公司股权的程度与企业年金融资水平预期负相关。具体而言，不同规模和所有制形式的企业，其企业年金决策对各影响因素的敏感度存在较大差异，与大型企业相比，中小型企业在企业年金决策中对高管持股比例的敏感性更高，非国有控股企业，包括民营资本企业和境外资本控股企业，其在企业年金决策中对高管持股比例的敏感性更强。

最后，我国企业年金未来发展前景广阔，有待不断变革，其补充和保障的功能将更加突出，对完善整个社会的养老保障体系将发挥更大作用。本书以在建立时间、制度设计等方面与我国类似的 OECD 代表国家企业年金发展状态作为我国企业年金未来发展趋势，预测企业年金发展规模，及对经济增长和收入提高的影响。结果表明：假设我国企业年金占 GDP 比重 2015 年达到 1.5%，2016 年达到 2%，2020 年达到 10%，2025 年达到 16%，则我国企业年金资产规模到 2020 年，将达到 5.73 万亿元，到 2025 年将达到 20.93 亿元；如果我国企业参与率达到 10%，则促进 GDP 增长率提升 0.3 个百分点，如果我国企业参与率达到 65%，则将促进 GDP 增长率提升近 2 个百分点；如果我国企业年金员工覆盖率达到 10%，则企业年金将促进我国职工年度人均工资增长 3.37%，如果我国企业参与率达到 60%，则企业年金将促进我国职工年度人均工资增长 20.19%。为促进企业年金的快速发展，本书提出如下政策建议：加强宣传教育力度，提高企业年金认知水平；完善税收优惠政策，提升税收优惠幅度；调整高管薪资结构，加强内部监督制约；发展集合年金计划，激励中小民营企业。

于新亮

2018 年 5 月

目　录

第一章

引　言

　　完善社会保障制度和提高企业生产率，这两个方面都是我国实现发展转型，形成新发展方式的题中之意。值得注意的是，基于国外样本的大量实证研究表明，企业年金不单纯是一种补充性的社会保障制度和人力资源管理制度，而且对于宏观总量层面、微观企业层面以及劳动力等要素层面的生产率提高均有积极的影响。企业年金的这种"生产率效应"对于深入认识企业年金的功能和作用进而审视其对中国经济发展而言的含义来说，显然有启发性。不过，既有研究在讨论企业年金对于中国经济的重要性时更多的是从完善社会保障制度的角度（郑秉文，2010；朱铭来等，2015）以及企业人力资源管理的角度（常莉等，2010；陈晓安，2011）进行的分析，企业年金是否有利于中国企业生产率的提高仍有待确认。

第一节　研究背景和意义

一、企业年金与社会保障制度

　　改革开放促进生产力不断解放、劳动人口集中带来较长时期"人口红利"，为我国顺利建立"以基本养老保险为主体、企业年金和个人养老金为补充的养老保障体系"提供经济和社会基础。截至 2012 年底，我国养老保障制度基本实现全覆盖，基金累计结余达 60078 亿元，其中基本养老保险基金占 89.75%，企业年金占 8.02%[①]。我国现行养老保障体系在满足绝大多数民众最基本养老需求方面成就显著，但在新形势下面临挑战，特别是作为主要支柱的基本养老保险，面临筹资来源后劲不足，保值增值能力有限，支付压力增加、缺口巨大，实际保障水平不增反降等多方面压力，兼顾可持续和高保障早已分身乏术，主要体现在以下几个方面。

首先，"未富先老"又遇"经济新常态"成为我国当前基本国情。尽管我国已在 2010 年起成为世界第二大经济体，但人均国民收入在 187 个世界主要国家和地区中排名第 94 位，距离高收入国家水平仍有较大差距[②]。此外，面对复杂严峻的国内外环境，我国国内生产总值增长速度由 2011 年的 10.3% 逐渐降为 2014 年的 7.4%，经济发展速度将进一步放缓。但与此同时，我国在较低收入水平下要面临比高收入国家更严峻的老龄化进程：自 20 世纪末步入老龄化社会以来，低出生率和低死亡率造成老龄化程度进一步加深，预计到 2050 年，我国 60 周岁以上人口占比将达到 34%，超过美国（28%）和欧洲（32%），进而成为世界上"最老"的国家之一[③]。

其次，基本养老保险筹资来源后劲不足。基本养老保险基金由个人、企业和国家三方共同承担。目前企业和个人分别缴纳工资总额的20% 和 8%，加入基本医疗保险等其他社会保险项目，其负担已然较重，如再度提高缴费比例，势必会影响到扩大再生产、产业转型和有效需求，进而影响国民经济发展。中央对地方的财政补助一直是基本养老保险的重要筹资来源，但这种依赖财政弥补缺口的做法在经济增长放缓的大背景下很难维系。此外，"人口红利"的消退使劳动力供给量即基本养老保险缴费人数增速放缓，基金规模很难在扩大缴费基数

---

① 根据人力资源和社会保障部公布《2012 年全国社会保险情况》相关数据计算。
② 联合国开发计划署公布《2014 年人类发展报告》。另，我国 2014 年人均国民收入为7476 美元/人，而高收入国家划分标准为 12276 美元/人及以上。
③ 全国老龄委员会发布《中国人口老龄化发展趋势预测研究报告》。

和覆盖率上获得较大增长。

再次，基本养老保险支付压力增加，缺口巨大。基本养老保险基金投资渠道单一，保值增值能力十分有限，随物价上涨减值严重。退休人数持续增长，养老金待遇水平不断上调，基金支付增长速度明显高于收入增长速度，当期结余和累计结余增长速度双双下降，缺口风险进一步变大。据中国社科院发布《中国养老金发展报告 2014——向名义账户制转型》预测，以 2012 年为基准，社会统筹账户的隐形债务为 83.6 万亿元，个人账户的隐形债务为 2.6 万亿元，合计城镇职工基本养老保险统账结合制度下的隐形债务为 86.2 万亿元，占 2012 年 GDP 的比率为 166%[①]。

最后，劳动者退休后的生活保障水平不增反降。尽管国家连续数年调增企业职工基本养老保险待遇水平，年均增长速度高出同期 CPI 平均上涨幅度 10 个百分点以上[②]，但职工基本养老金的替代率[③]呈逐年下降趋势。1999 年之前，中国企业职工养老金的替代率总体维持在 75% 以上[④]，此后一直呈下降趋势，2002 年为 72.9%，2005 年为 57.7%，到 2011 年，这一数字更是降至 50.3%[⑤]。

综上所述，基本养老保险很难兼顾可持续和进一步提高保障水平，我国目前养老保障制度亟待改革和完善。与经合组织（OECD）代表国家"三大支柱"养老金体系相比，我国企业年金和个人养老金占比明显偏低，有巨大增长潜力（见图 1.1）。唯有建立包括基本养老保险、企业年金、个人养老金的多层次养老保障体系，充分发挥"三大支柱"各自优势和职能，才能应对老龄化社会日益增长和多样化的养老需求。

[①] 未来可能产生养老金缺口的原因有两个：一是待遇确定型（DB）现收现付制的社会统筹账户，其隐形债务在转制时没有被支付；二是应专款专用的缴费确定性（DC 型）的个人账户基金被挪用形成空账。
[②] 中国审计署《全国社会保障资金审计结果公告》（2012 年第 34 号）。
[③] 养老金替代率是指劳动者退休时的养老金领取水平与退休前工资收入水平之间的比率。个人养老金替代率＝退休后的退休金/退休前的工资。它是衡量劳动者退休前后生活保障水平差异的基本指标之一。
[④] 清华大学《中国老龄社会与养老保障发展报告（2013）》。
[⑤] 中国社科院《中国养老金发展报告 2012》。

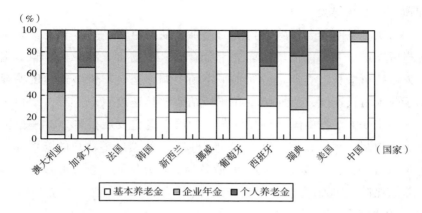

图 1.1　经合组织（OECD）代表国家和中国养老金构成（2013 年或最近年份）

资料来源：中国数据根据人力资源和社会保障部公布的《2012 年全国社会保险情况》相关数据计算；经合组织（OECD）代表国家数据根据 OECD 数据库（http：//stats. oecd. org/Index. aspx）相关数据计算。

二、企业年金与企业生产率

党的十九大报告指出，我国经济已由高速增长阶段转向高质量发展阶段，正处在转变发展方式、优化经济结构、转换增长动力的攻关期。从企业层面来看，这意味着企业需要提高管理和组织效率、提高技术水平、提高产品及服务的价值，以此达成更高的效率和效益水平。从经济学角度来看，这将表现为企业的生产率得到不断提高。

问题在于，什么因素会影响和促进中国的企业提高生产率，从而推进中国经济向新的发展方式转变。既有研究在考察中国企业生产率的影响因素时主要包括以下几个方面：第一，市场及政策环境方面，如市场化（袁堂军，2009；张杰等，2011；邵宜航等，2013；王芃和武英涛，2014）、贸易自由化（余淼杰，2010；毛其淋，2013；张艳等，2013）、融资约束和政府补贴（邵敏和包群，2012；任曙明和吕镯，2014）、产权保护及环境规制（余林徽等，2013；王杰和刘斌，2014）等因素；第二，企业特征方面，如企业规模（孙晓华和王昀，

2014；高凌云等，2014）、进入退出和存续时间（周黎安等，2007；毛其淋和盛斌，2013）、所有制差异和股份制改造（刘小玄，1995；孔翔，1999；胡一帆等，2006（a）、2006（b））等因素；第三，企业行为方面，如技术研发和技术引进（涂正革和肖耿，2005；朱平芳和李磊，2006；刘小玄和吴延兵，2009；程惠芳和陆嘉俊，2014）、国际贸易行为（张杰等，2009；范剑勇和冯猛，2013；钱学锋和余弋，2014；简泽等，2014；刘晴等，2014）、外商直接投资和对外直接投资（刘巳洋等，2008；王争等，2008；罗雨泽等，2008；蒋冠宏等，2013）等因素。

本书注意到，少数着眼于中国企业内部管理方面的研究表明，人力资源管理制度与企业生产率关系密切，"双轨制"的用工制度对中国的企业生产率有着不利的影响（张志学等，2013）。在此值得注意的是，大量针对其他国家的理论及实证研究均表明，在我国仅被更多地视为在社会福利制度中起到对基本养老保险以补充作用的企业年金计划，其实同时也是一项能够有效促进提高企业生产率的激励制度。

尤其在微观企业层面上，企业年金"生产率效应"的作用机制始终未能得到系统的考察，原因首先在于对此理论的研究零散而不系统，其次是需要有效的企业样本和多方面的企业数据。通过梳理相关的研究可归纳出企业年金"生产率效应"产生机制的五个方面：第一，企业年金具有在劳动力市场信息不对称情况下通过劳动力的"自选择"来甄别高素质员工的甄别作用（Ippolito，1995，1999，2002）；第二，通过延期支付、分期归转机制，起到提高年轻员工被辞退的成本，使其保持最佳工作状态的作用（Lazear，1979，1981，1983，1986）；第三，作为可变的绩效收入，起到激励高管提升经营绩效的作用（Agrawal et al.，1987；DeMarzo et al.，1995）；第四，提供年金计划的企业往往会增加对员工的培训投入，提高人力资本（Oi，1983；Dorsey，1989；Hutchens，1987；Macpherson，1994）；第五，作为企业经济状况的信号，以及通过年金基金的市场化经营、降低税率或者增加税收补贴，从而宽松企业的财政状况。可以看出，对上述作用机制的实证考察需要有效的企业样本和多方面的企业数据。对此，正处于企业年金普及进程之中的中国企业的表现具有"政策实验"的意义，为此提供了有益的检验样本。

另外，一个值得关注的特征是企业年金被视为是一种"长效激励"制度，这意味着其对企业生产率的积极影响也是长期持续的。不过，在各作用机制中，一个共同的隐含假定是企业连续为在职员工建立企业年金。然而，如果企业建立年金计划是不连续的乃至仅是单一年度的，这是否对企业年金"生产率效应"的长期持续性有所影响？换言之，在连续和不连续地建立企业年金这两种情况之间，企业年金的"生产率效应"有何不同？这对于合理建立企业年金，以便有效地发挥企业年金的"生产率效应"而言，有现实的指导意义。

三、我国企业年金发展与研究相对滞后

国际经验显示，税收优惠政策是推动养老保障第二支柱发展的强劲动力。我国对企业年金中企业缴费部分的税收优惠政策经历了从无到有、从地方性政策到全国统一政策的过程（朱铭来等，2015）。目前，企业缴费在不超过职工工资总额5%内的部分，在计算企业应纳税所得额时准予扣除①。在税收优惠政策激励下，我国企业年金以较快速度发展，但无论规模还是发展速度均远远低于市场预期，更在2013年增长速度连续两年大幅上升情况下首度下滑，理应引起注意和思考。在主要发达国家，企业年金已成为一项普遍的制度安排，而我国则仍处于很低的水平，可以说税收优惠并没有推动企业年金在中国多层次社保体系中承担起第二支柱应有的作用。

很多学者将企业年金发展滞后的主要原因归结为税优政策不统一和不完整（郑秉文，2010）。也有学者对税优政策改革和模式选择的公平性提出质疑，认为目前的税收优惠政策、企业年金制度整体设计并

---

① 财政部、国家税务总局2009年《关于补充养老保险费、补充医疗保险费有关企业所得税政策问题的通知》。

没有激发中小企业和非国有企业建立企业年金的积极性，反而成为国有大中型企业合理避税进而加剧分配不平等的工具，这实际上扩大了劳动者的待遇不公、拉大了社会分配差距（李亚军，2010；郑功成，2007）。

而本书认为，目前的研究、舆论和实践均过分强调甚至夸大了企业年金在合理避税和隐性福利方面的作用，这并非企业年金最大优势所在，而企业年金的最大优势和根本职能却被长期忽视：企业年金作为一种激励机制，具有投资收益风险低、激励对象范围广、作用时效更持久等其他激励机制（如股权激励）所不具有的特性，并且具备有效提高企业生产率的人力资本管理功能。企业建立任何一种激励机制的目标是提高生产率，因此提高生产率才是企业积极建立年金计划的根本动力。认识到企业年金的"生产率效应"，建立企业年金便水到渠成。

虽然已经有研究注意到了企业年金对于中国经济的重要性，但更多的是从完善社会保障制度进而有利于国民经济的角度，以及从人力资源管理的角度进行分析，对于企业年金计划与中国企业生产率的关系问题尚无系统的实证考察。因此，企业年金是否同样有利于促进中国企业的生产率仍是一个有待确认的命题。同时，虽然上述国外既有研究实证考察了企业年金对提高生产率的积极作用，但缺乏进一步对这种积极作用的形成即前述提到的多种作用机制和路径做系统的检验，企业年金是否基于这些路径对中国的企业生产率产生影响也同样需要深入考察。

第二节　主要概念界定

一、生产率

生产率是指每单位劳动生产产品或服务的速率，从效率角度考察，生产率等同于一定时间内经济总产出与各种资源要素总量投入的比值。简单地说，就是投入和产出的比率。也可用一个公式加以表述，即：生产率=产出/投入。生产率是当代经济学和管理学的一个重要概念，它与资本、劳动等生产要素都能贡献于经济的增长，能够综合反映一个国家或生产组织的资源配置状况、生产手段的技术水平、劳动力的素质、生产对象的变化、生产组织的管理水平、劳动者对生产经营活动的积极性以及经济制度与各种社会因素对生产活动的影响程度。

根据考察的生产要素测定方法的不同，生产率可分为如下不同的种类：

第一，如果需要考察某一种生产要素的生产率，仅需用这种生产要素的投入量作为生产率公式的分母，所得到的生产率就被称为该要素的生产率。根据考察的生产要素的种类划分，单一要素生产率可以分为劳动生产率、资本生产率、原材料生产率、能源生产率等。用劳动力消耗量作为总投入计算的生产率即为劳动生产率，如多少元/（人·年）、多少台/（人·年）；用固定资产折旧费或固定资产账面价值作为总投入计算的生产率即为资本生产率；用投入的原材料量作为总投入计算的生产率即为原材料生产率，如多少元/吨（钢材）；用投入的能源量作为总投入计算的生产率即为能源生产率，如多少元/度（电）。

第二，根据考察的生产要素的数量划分，生产率可以分为单要素生产率、多要素生产率和全要素生产率。只考虑单一一种资源投入所计算的生产率，称为单要素生产率，即产出总量与这种资源投入量之比，其计算公式为：单要素生产率=产出量总和/某单一要素投入量，可见，劳动生产率、资本生产率、原材料生产率和能源生产率均属于单要素生产率；考虑多种不同资源投入所计算的生产率，称为多要素生产率，即产出总量与这些资源投入量之比，其计算公式为：多要素生产率=产出量总和/多种要素投入量；考虑全部资源投入所计算的生产率，称为全要素生产率，或总要素生产率，即产出总量与全部资源投入量之比，其计算公式为：全要素生产率=产出量总和/全部要素投入量。

第三，按测定方式分类，生产率分为静态生产率和动态生产率指数。测定某一特定时期的生产率的绝对水平，即某一特定时期内产出总量与投入量之比，即为静态生产率水平，其计算公式是：静态生产率水平＝测定期内总产出量/测定期内要素投入量。在进行生产率测定时，不仅要测定当期生产率水平，而且将当期生产率与前一期或某一特定时期的生产率水平、或者同历史上生产率的最高水平或进行比较，用以考察生产率是否提高，变动趋势如何就产生了动态生产率指数的概念。所谓动态生产率指数，就是指某一特定时期（考察期）的静态生产率水平与以前某个时期（基准期）静态生产率水平的比值，其计算公式为：动态生产率指数＝考察期内静态生产率水平/基准期静态生产率水平。动态生产率指数反映了不同时期生产率的变化和发展趋势，如果该指数大于１，则表示与基准期相比，考察期生产率提高了；而如果指数小于１，则表示与基准期相比，考察期的生产率降低了。

此外，从考察层次和范围这一标准划分，生产率又可以分为国家（或地区）生产率、部门生产率和企业生产率等。国家（或地区）生产率是指一定时间内国民经济总产出与各种资源要素总量投入的比值，企业生产率是指一定时间内企业总产值与各种资源要素投入的比值。

影响生产率提高的因素庞大复杂，不同经济规模组织的生产率的影响因素也不相同。以企业生产率为例，影响企业生产率的因素可以划分为两大层次，即内部因素和外部因素。内部因素是企业可以控制和改变的因素，又可以按照其可变性划分为硬因素和软因素，硬因素相对更加容易变化，包括产品、技术、设备和原材料等，软因素相对不易改变，包括劳动力、组织系统和程序、管理方式和工作方法。外部因素是短期内企业无法控制的，但在社会结构和制度较高层次上可得到控制，由此影响单个企业和生产行为、管理行为，从而影响企业的生产率。外部因素主要包括人力资源、科技水平和宏观政策等。

二、长效激励

高质量的劳动力通常具有以下特征：具有良好的个人信用和强烈

9

的社会责任感；对组织的忠诚度高；具有良好的沟通能力，对生产活动和团队工作的参与能力强；专业技术能力强和感受变化的敏感程度高等。而高质量的劳动力在生产行为上则表现为生产效率高，产出大，对成本的控制能力强等，从而实现对人力资源的有效利用。国外一些组织通过研究认为，生产率的基本因素包括产出、投入、劳动、资本、技术和管理等，有一半以上和劳动力的质量有关，而其他技术因素的质量与人力投入的质量也有很大关系。因此采用人力资源开发和管理的方法，有效地使用人力资源和提高劳动力的质量，就可以有效地提高生产率。

为了实现生产率提升计划能够顺利实施，关键在于让职工分享生产率的提高所带来的成果，让职工看到他们的工作是有意义的，这种感觉给他们以自我实现，并丰富他们的专业知识和事业设想。按照人力资源开发和管理的观点，恰当的态度和行为取决于职工的价值观、工作条件和他们所受到的激励。因此，激励便成为有效利用劳动力的重要杠杆之一。

企业管理存在三大效率增长空间。第一类效率增长空间往往是由企业经营者或企业高级技术专家来解决的经营问题、战略问题或重大技术问题；第二类效率增长空间往往是由企业中层管理者和工程技术人员负责解决的一般管理问题或一般技术问题；第三类效率增长空间则大量存在于管理也鞭长莫及之处，需要调动每一位职工的主动性和积极性。强调和重视激励在合作组织中作用的现代企业制度基本形成了比较完善的长效激励机制，以发现和利用效率增长空间，实现对人力资本的有效激励。

长效激励机制，是指通过薪酬结构优化或递延支付等手段，提高员工工作效率、培养员工对企业忠诚度、鼓励员工为企业实现战略目标提供长期服务。企业典型的长效激励机制主要分为股权激励（包括高管股票期权、员工持股计划等）和企业年金两类，二者在投资收益风险、激励对象范围、作用时效等方面差异显著。

股权激励是指在一定时期内给予企业经营者或员工一定数量的公

司股权，使其具有股东的身份既能分享利润，又需承担风险，从而在企业决策或工作过程中更加考虑企业的长远价值，为企业的长期发展而服务的一种激励方法。股权激励的实现模式主要包括业绩股票、股票期权、虚拟股票、股票增值权、限制性股票、延期支付、经营者/员工持股、管理层/员工收购、账面价值增值权等，其中除账面价值增值权外，其他八种模式中被激励对象的最终收益取决于公司股票价格，因此都是与证券市场相关的股权激励模式，而唯独账面价值增值权是与证券市场无关的股权激励模式，激励对象最终所获收益与股价无关，而仅取决于每股净资产值这一财务指标。

三、企 业 年 金

2004年劳动和社会保障部颁布的《企业年金试行办法》做出以下界定：企业年金是指企业及其职工在依法参加基本养老保险的基础上，自愿建立的补充养老保险制度。

通常来讲，企业年金，又称为补充养老金、职业养老金、私人退休金等，是企业为员工设立的一种养老金福利账户，在员工工作期间，由企业和员工分别向该账户缴存一定的保险费，并通过投资运营进行积累，以在员工年老、伤残或亡故时向其本人或遗属提供保障。

企业年金可以从社会、企业和员工三个层面分析其性质：从社会宏观角度看，企业年金被赋予整个社会养老保险体系"第二支柱"的重要职能，是对国家建立的公共养老保险制度的重要补充；从企业角度来看，企业年金是一种延期支付的薪酬，直到员工退休后才可以享用，员工的工龄越长，企业年金账户中累积的基金越多，对员工就越有利，因此，企业年金成为企业吸引人才、稳定高素质员工，提高企业在市场上竞争力的很重要手段，并逐渐成为市场经济体制下员工福利的重要组成部分；从员工角度来看，企业年金属于私人经济范畴，为员工个人所有，在投资运营中一般独立于企业本身的资金和业务，即使企业破产，员工仍然可以领到企业年金。因此，企业年金是以民间储蓄为基础的私人养老金。

企业年金可以根据设立主体、设立意愿、筹资来源、筹资方式和运作模式等不同标准划分为不同的类型：

第一，根据设立主体的不同，企业年金可分为由单个企业设立的单一年金计划和由多个企业（行业）设立的集合年金计划。单一年金计划在英美国家比较常见，如美国通用汽车公司的企业年金计划就是由本企业设立并管理的。而集合年金计划在欧洲大陆国家比较常见，如丹麦、荷兰和法国，许多企业年金计划都是由同一行业或企业协会的多家企业联合建立的，建立集合年金计划的目的主要是可以减少单个企业经济效益对企业年金待遇水平的影响，也便于劳动力在行业内部流动。

第二，根据设立意愿的不同，企业年金可划分为国家强制型、雇主主导型和集体协商型三种。国家强制型企业年金计划，是指由政府通过立法规范，要求每一个企业必须为适格的员工设立企业年金账户，员工个人不得退出，典型国家如法国、瑞士、丹麦、荷兰和澳大利亚等；雇主主导型企业年金计划，是指由雇主自身自愿决定是否设立企业年金计划，目前大多数国家都采用这种类型的制度安排。而一些国家通过雇主和雇员双方集体谈判的方式来决定是否设立企业年金计划，如瑞典。

第三，根据筹资来源不同，企业年金计划可分为需要员工缴费的企业年金计划和不需要员工缴费的企业年金计划。企业年金计划的筹资来源中，雇主或企业一般都需要负担一半以上的缴费，所不同的是是否需要员工缴费。目前，多数国家实行的企业年金计划都需要员工进行缴费，一般负担三分之一到二分之一，其主要目的是加强员工对该项计划的重视程度，对年金基金的投资运营和管理进行监督。

第四，根据筹资方式不同，企业年金计划可以分为基金积累制和现收现付制两种类型。基金积累制年金计划是指员工在工作期间由雇主和员工缴纳一定保险费设立基金账户进行投资运营，将积累部分和投资回报用于本人退休所用的制度安排。而现收现付制年金计划是指以用同一时期正在工作的员工的企业年金缴费来支付已经退休的员工的企业年金福利的制度模式。目前绝大多数国家的企业年金计划都采用的是基金积累制，而法国是唯一采用现收现付制企业年金计划的国家。

第五，根据运作模式的不同，企业年金计划可以划分为收益确定型（或待遇确定型）年金计划和缴费确定型年金计划，也被称为 DB 计划和 DC 计划。待遇确定型计划，是指由雇主主要负责缴费并全权负责在资本市场的投资增值，而且不论投资盈亏，雇主都要按事先确定好的固定数额来支付给雇员退休金。这种年金计划的特点是风险全部由雇主承担，雇员按照预定的计划取得收益，不承担任何投资风险。而缴费确定型计划是一种完全积累类型的退休金计划，由雇主和雇员共同缴费，雇员退休时领取到的养老金完全取决于其个人账户内的缴费及其投资收益。缴费确定型计划的特点是将资本市场投资收益的风险分散在雇主和雇员双方的身上。

此外，根据企业年金计划是否可以享受国家税法所规定的税收优惠政策，企业年金计划也可以划分为税优型企业年金计划和非税优型企业年金计划。以美国为例，其《1974 年职工退休所的保障法》根据退休金计划是否享受政府税收优惠政策（或税惠大小差异）这一标准，将退休金计划分为适格计划（qualified plans）与非适格计划（non-qualified plans），像 401（K）计划、403（b）计划、457 计划、IRA 计划、Keogh Plans（非企业退休金计划或自助计划）、SEP（简易雇员年金计划）等均属于适格计划，而其他形式的年金计划，如清偿年金，则属于非适格计划。

四、税收优惠

税收优惠，就是指为了配合国家在一定时期的政治、经济和社会发展总目标，政府利用税收制度，按预定目的，在税收方面采取相应的激励和照顾措施，以减轻某些纳税人应履行的纳税义务来补贴纳税人的某些活动或相应的纳税人。

税收优惠是国家干预经济的重要手段之一。《中华人民共和国企业所得税法》第二十五条规定，国家对重点扶持和鼓励发展的产业和项目，给予企业所得税优惠。综观中国的税法，税收优惠主要用于鼓励农、林、牧、渔、水利等行业的发展，鼓励能源、交通、邮电等基础产业的发展，促进科技、教育、文化、宣传、卫生、体育等事业的进步，体现国家的民族政策和扶持社会福利事业，鼓励发展第三产业，鼓励环境保护和自然资源的综合利用，鼓励商品出口，吸引外商投资，搞好经济特区。

企业所得税优惠可以分为直接优惠方式和间接优惠方式。直接优惠方式是一种事后的利益让渡，主要针对企业的经营结果减免税，优惠方式更加简便易行，具有确定性，它的作用主要体现在政策性倾斜、补偿企业损失上。从长期来看，直接优惠是降低税率或对企业经营结果的减免税，容易导致政府税收收入的减少。直接优惠方式包括税收减免、优惠税率、再投资退税等。间接优惠方式是以较健全的企业会计制度为基础的，它侧重于税前优惠，主要通过对企业征税税基的调整，从而激励纳税人调整生产、经营活动以符合政府的政策目标。间接优惠方式中加速折旧、再投资的税收抵免两种方式具有更为显著的优点，即这两种优惠方式可以更有效地引导企业的投资或经营行为符合政府的政策目标，鼓励企业从长远角度制定投资或经营计划。间接优惠是前置条件的优惠方式，管理操作比较复杂。间接优惠方式主要以税收扣除、加速折旧、准备金制度、税收抵免、盈亏相抵和延期纳税等。

随着人口老龄化趋势不断加深，以及企业年金在养老保障体系中的"第二支柱"作用得到普遍认同，大多数国家都出台了一定的税收优惠政策鼓励和刺激企业年金的发展。而针对企业年金的运作模式，即雇主和员工向年金账户中缴费，通过投资运营不断累积，待员工退休时领取享用，税收优惠政策也面临三个税收优惠的节点：第一个节点是雇主和员工向年金账户缴费时，缴纳的保险费是否可以税前列支；

第二个节点是企业年金在投资运营过程中取得投资收益时是否可以免征所得税；第三个节点是当员工退休领取企业年金福利时是否可以给予免税。按照以上三个节点是否免税进行组合，理论上共有 8 种组合方式。如果某一节点给予免税记为符号 E，不免税记为符号 T，则这 8 中组合方式分别为 TTT、ETT、TET、TTE、EET、ETE、TEE、EEE。

在 OECD 的 30 个成员国中，有 21 个国家采用了 EET 模式，所以 EET 模式成为企业年金税收优惠政策的主流模式。此外，采用 EEE 模式、TTT 模式、TEE 模式和 TTE 的国家均仅有 1 个，分别为土耳其、澳大利亚、匈牙利和新西兰，采取 TET 模式的有 2 个国家，为奥地利和捷克，采用 ETT 模式的国家有 3 个，为丹麦、意大利和瑞典。

而在采用了 EET 模式的 21 个国家中，有 9 个国家的 EET 模式并不是标准的，而是略有变化，称为"变体"EET 模式，又可以大致划分为三种类型：第一类为 EET/PE 模式，即在企业年金领取阶段实行"应纳税额部分减免"（PE）的税收优惠政策，该模式的税收优惠程度仅次于 EEE 模式，而比标准的 EET 模式还要高一些，实行这种模式的国家包括德国、法国、日本、韩国、爱尔兰和墨西哥；第二类为 E（TC）ET/PE 模式，即在缴费环节并不实行完全免税，而是设置一个固定的免税限额（TC），在这个免税限额内的部分实行免税，而超过这个免税限额的部分依然需要纳税，此外该模式在企业年金领取阶段也实行"应纳税额部分减免"（PE）的税收优惠政策，实行这种模式的国家有比利时和葡萄牙；第三类为 EET（15%）模式，即在企业年金领取阶段实行 15% 固定纳税比例，而不再是累进制，斯洛伐克采用这一模式。除上述 9 个国家采用的是"变体"EET 模式外，其余的 12 个国家采用的是标准的 EET 模式，包括美国、英国、加拿大等。

关于我国的企业年金税收优惠政策，大致经历了三个阶段。从 2000 年 12 月，国务院颁布《完善城镇社会保障体系的试点方案》开始，到国家税务总局 2009 年《关于企业年金个人所得税征收管理有关问题的通知》之前，我国实行的是不规范的"模糊 TEE"模式；而从国家税务总局 2009 年《关于企业年金个人所得税征收管理有关问题的通知》开始，到财政部、人力资源社会保障部和国家税务总局2013年《关于企业年金、职业年金个人所得税有关问题的通知》之前，我国实行的是纯粹的TEE模式；而自财政部、人力资源社会保障部和国家税务总局2013年《关于企业年金、职业年金个人所得税有关问题的通知》至今，我国则尝试实行EET模式，但在缴费环节并不实行完全免税，而是设置一个固定的免税比例，所以也是一种"变体"EET模式，但相比于OECD国家的"变体"EET模式的税收优惠幅度并不低于标准的EET模式而言，我国的"变体"EET模式的税收优惠幅度则明显低于标准的EET模式。我国企业年金税收优惠政策发展历程见本书第二章第四节。

第三节　研究框架

一、研究思路

目前研究对于企业年金计划与中国企业生产率的关系问题尚无系统的实证考察。因此，企业年金是否同样有利于促进中国企业的生产率仍是一个有待确认的命题。同时，虽然国外既有研究实证考察了企业年金对提高生产率的积极作用，但缺乏进一步对这种积极作用的形成即前述提到的多种作用机制和路径做系统的检验，企业年金是否基于这些路径对中国的企业生产率产生影响也同样需要深入考察。鉴于此，本书的工作也即本书的贡献之一是检验中国企业是否可以通过年金计划提高企业生产率，以及这种效应是否是长期持续的，并进一步系统地检验企业年金促进提高企业生产率的实现路径。

通过研究发现，企业年金的人力资本管理功能是其发挥生产率效应的最为稳定的路径之一。在提升员工生产效率方面，企业年金激励有着不可比拟的优势。相比持股计划或股权激励这些当期分配机制，企业年金则属于延期分配机制，具有投资收益风险低、激励对象范围广、作用时效更持久等员工持股计划所不具有的特性。具体而言，年金计划通过两种效应提高员工效率：一是可以有效甄别高效率员工，使企业对高效率员工进行有效激励，即"甄别效应"；二是能够激励员工产出、提升企业生产效率，即"激励效应"。年金在企业管理中的作用值得深入探讨，但是事实上，相对于股权激励的研究，国内对企业年金的相关讨论被长期忽视，这也导致我国企业年金发展长期滞后。企业管理者对年金的人力资本管理功能认识不清，长此以往，企业将因人力资本流失、培训成本和风险加大导致生产效率下降。因此，我国目前企业年金机制是否具有"甄别效应"和"激励效应"已成为该领域亟待证实的议题，不仅具有理论研究价值，而且具有对我国企业年金发展实践的现实指导意义。

同时，企业年金决策也受到外在条件的制约。企业年金计划特殊的税收地位是激励企业向其员工提供年金的主要经济动机之一。结合以往中外文献研究差异，我们不难发现，造成国内学者对企业年金税收优惠政策意见分歧很大、以往政策实施后效果不佳以及新政策尚未实施难以定论的一个重要原因是缺乏从微观层面具体系统地分析企业相关行为和企业年金决策的影响因素，而本书主旨之一正是从基本面上弥补国内研究的不足。

此外，由于企业年金可以视为管理补贴，从而可以减少未来可能的债务融资风险，因此没有持有本公司股份的高管将产生建立企业年金的动机以维持财务宽松。企业年金决策可以增加单一的人力资本价值，以应对股东权益最大化对高管利益带来的损害。随着高管持股增加，高管与股东的利益更加一致，因而建立企业年金的动机将会降低。高管股权和企业年金间的关系，将直接影响企业对长效激励的决策和人力资本激励的效率：如果两者不存在替代性，企业仅需在各自影响因素下求得分离均衡，即可实现帕累托有效；如果两者存在替代性，那么企业必须在复杂条件下求得混合均衡才能达到帕累托有效，而此时一种长效激励机制的分离均衡势必会降低另一种机制的激励效率，进而抑制人力资本总体激励效率。因此，也需要实证检验高管股权和企业年金间是否存在替代效应这一命题。

二、主要创新与不足

1. 主要创新点。

第一，翔实文献系统梳理了国内外企业年金的发展和现状与企业年金"生产率效应"及其内在机理和外在条件的已有研究，为进一步实证研究企业年金"生产率效应"奠定了理论基础。首先，梳理了企业年金"生产率效应"产生机制的五个方面：一是通过员工"自选择"机制甄别出高素质员工，提升劳动力构成中高素质员工占比；二是通过延期支付、分期归转机制提高员工离职成本，抑制员工流动的同时保持员工的高效状态；三是增加企业培训投入；四是激励高管，提升经营绩效；五是获得财务宽松，降低融资约束。其次，企业年金通过"甄别效应"和"激励效应"两个方面促进提高员工的生产效率。最后，企业年金决策还受到税收优惠效应和其他激励机制替代效应等外部条件的制约。

第二，整理了丰富的企业年金数据，主要包括 2010～2013 年上市企业年报数据和 2012 年中国家庭金融调查中的企业员工数据，针对企业年金"生产率效应"及其内在机理和外在条件的不同预期假设，建立和使用多种计量模型和方法，如 Probit、Tobit、Heckman、Treatment 以及匹配估计量、倾向得分匹配和工具变量法等，系统检验和分析了企业年金"生产率效应"及其内在机理和外在条件。

第三，主要结论具有很高的理论价值和现实意义，主要包括：一是企业年金能够显著提升中国企业的生产率，这一效应通过提高员工素质、增加培训投入和有利企业财务宽松等机制实现，但没有表现出通过提升高管经营绩效而发挥作用。同时，单一年度的企业年金可持续影响此后的企业生产率，具有"滞后效应"，但会逐渐减弱，原因在于对于单一年度的企业年金而言，其各项作用机制是有时效性的。但是，如果多年连续提供年金计划，则其积极影响在各期的累加会令企业生产率的提高幅度不断加大,形成"叠加效应",这意味着连续地提供企业年金计划是充分利用其"生产率效应"的关键。二是企业年金通过"甄别效应"和"激励效应"两个方面促进提高员工的生产效率:首先,高生产率员工更可能选择加入企业年金,说明企业年金具有在信息不对称情况下甄别高生产率员工的"甄别效应"。进一步的实证考察表明,"甄别效应"的内在机制在于,较高生产效率的员工普遍具有较低的主观贴现率,更加看重未来价值,因而加入企业年金的意愿更强烈。其次,参加企业年金令员工的生产效率更高,说明企业年金具有提高员工生产率的"激励效应",且效果明显。三是在税收优惠效应影响下,企业年金投保决策显著受到实际所得税率、企业规模、信贷约束以及人力资本水平等因素的影响,而企业高管个人偏好和股市预期并未对企业年金决策产生明显作用。研究中呈现的实证结果有力地支持了高管股权和企业年金间存在替代效应这一命题。企业可以通过高管股权和企业年金的混合均衡策略实现对人力资本的有效激励。另外,对于不同所有制形式的企业,其企业年金决策对各影响因素的敏感度存在较大差异。

2. 本书存在一定不足,尚有待完善和深化。首先是受数据限制,未能考察企业年金通过延期支付和分期归转机制,起到提高年轻员工被辞退的成本,使其保持最佳工作状态进而有利于企业生产率提高的作用机制。其次,从中介效应实证结果来看,除了各中介变量外,企业年金对企业生产率有显著的直接效应,这一结果有两种可能:一是的确存在企业年金对企业生产率的直接作用机制,二是仍然存在未予考虑的中介变量,而无论哪种情况,都需要理论分析对此提供见解,以便深化对这一部分的分析。

三、主要内容

基于以上研究思路,本书的主要内容包括以下几个部分:
第一章引言。

　　第二章介绍世界主要国家的企业年金制度及发展现状，典型的国家有美国、德国、澳大利亚等，重点梳理了我国企业年金制度的建立、政策法规完善过程及发展现状。

　　第三章文献综述，围绕研究主题——企业年金对生产率的影响，我们可将以往文献分为三类：一是在理论上梳理了国外有关企业年金对企业生产率的影响及其作用机制；二是关于企业年金与员工效率的关系；三是影响企业年金决策的外部因素，主要是税收优惠效应和其他激励机制的替代效应，此外，也整理了国内有关企业年金的研究成果。

　　第四章以处于企业年金普及进程之中的中国企业作为政策实验样本，利用 2010~2013 年上市企业年报数据，实证检验了企业年金是否具有"生产率效应"及其产生机制，以及结合相关机制考察了这一效应的持续性。

　　第五章选用 2012 年中国家庭金融调查企业在职员工数据，系统检验企业年金在人力资本管理上的两大效应及其激励机制。首先，通过建立影响加入企业年金倾向的 Probit 模型，检验高生产率员工是否更愿意加入企业年金，证实企业年金具有"甄别效应"；其次，利用倾向得分匹配方法，为参加企业年金的处理组员工筛选出与其特征类似但未参加企业年金的对照组员工，比较两组员工的生产率差异，从而检验企业年金是否能够有效提高员工生产率，具有"激励效应"；最后，系统检验了企业年金对提高员工生产率的激励机制。

　　第六章上市公司 2012 年年报企业年金购买及其他财务数据，建立 Tobit 计量模型进行实证分析企业年金决策外部影响因素，检验税收优惠效应和其他激励机制的替代效应，并进一步分析不同所有制形式的企业，其企业年金决策对各影响因素的敏感度差异。

　　第七章结论及政策启示。

第二章

企业年金制度国际研究

第一节　德国企业年金制度

一、德国企业年金制度的建立与发展

以法律为执行依据是德国养老保险制度的显著特征之一，德国开展的任何一项养老保险项目，都以完备的法律规范为基础。德国企业年金制度也是在一系列法律基础上建立并发展起来的。

德国《企业养老完善法案》（Gesetz zur Verbesserung der betrieblichen Altersversorgung，BetrAVG）规定了企业年金的基本概念：所谓企业年金，就是基于劳动雇佣关系由雇主为雇员建立的，为年老、伤残的雇员及死亡的雇员的遗属提供经济保障的保险项目。德国企业年金制度具有以下四个基本特征（Foerster，Rechtenwald；2008）：第一，企业年金是以劳动雇佣关系为基础的一种承诺；第二，雇主是其义务承担者；第三，雇员是其受益者；第四，企业年金给付与雇员的年老、伤残或死亡等事件相关联。

尽管德国企业年金退休计划是一种自愿性的、由私人公司经营的项目，但是由于其影响范围甚广，必然受到政府的监管和介入。德国企业年金制度的法律基础主要包括两个层面：第一层面的法律规范了德国企业年金制度的基本原则和框架，例如，《企业补充养老金法案》

和《养老金改革法案》；第二层面主要为企业年金运作层面的法律法规，包括投资管理、信息披露等，例如，《保险监管法》和《金融服务监管权利法》。

1974 年颁布的《企业补充养老金法案》允许经营四种不同的企业年金计划实现形式，管理包括 1974 年以前建立的各种计划，并在企业年金权利保留、待遇调整、保存、转移及转换等方面进行规范；

1992 年颁布的《保险监管法》目的是履行欧盟委员会人寿保险第 3 号令，主要对保险公司、退休储蓄的建立和运行进行管制；

2001 年颁布的《金融服务监管权利法》将多个领域的金融监管整合到一个机构，明确规定了该机构的运行、责任和权利；

2001 年颁布的《养老金改革法案》修改了企业补充养老法的有关规定，允许雇员以工资转换的方式参与企业年金缴费，建立退休基金，并对部分企业年金计划实施税收优惠政策。

二、德国企业年金制度的主要内容

（一）实现形式

按照《企业养老完善法案》规定，依据企业自身是否实施计划这一标准，德国企业年金计划可以划分为直接和间接两种实现方式，直接方式就是由雇主自身实施，间接方式则通过一个外部机构来实施，包括互助银行、退休金储蓄银行、退休基金会以及直接保险机构。具体来说，德国企业年金制度的实现形式有五类，即直接承诺、直接保险、退休储蓄、退休基金和互助基金。

直接承诺是德国企业年金制度的基本形式。目前直接承诺在德国企业年金资产总额中所占比例最大，也是最受雇主欢迎的计划类型。所谓直接承诺，就是指由雇主自身直接对其员工兑现承诺内容。在这种形式下，雇主就是企业年金承担者。直接承诺又被称为"通过储备账户进行融资的年金计划"，雇主将缴纳的企业年金保费以负债的方式计入企业资产负债表，通过公司资产给付雇员未来企业年金承诺。

　　直接保险、退休储蓄、互助基金和退休基金四种企业年金形式都涉及雇主、雇员和保险机构三方主体。其中，直接保险实质上是由雇主为雇员设立的、以雇员及其家属为受益人的个人寿险合同或团体寿险合同，这种特殊的人寿保险的保费主要由雇主承担，但雇员也可以参加缴费；退休储蓄则是由单个或者属于相互关联的或同一业务范围的多个雇主，根据养老保险法规发起设立的特殊形式的保险机构，约定在雇员因年老、伤残或亡故而造成收入损失时为其雇员或遗属提供基本保障的保险项目，其保费主要由雇主承担，雇员也可以参与缴费，而受益者是雇员及其家属；互助基金是一个可以由单个或多个雇主发起设立的在法律上独立的保障机构，其法律形式大部分为注册协会和有限责任公司，由该机构负责向这些发起设立的企业的雇员提供年金保障，雇员不能直接向互助基金主张相关权利，只能向雇主提出请求权。互助基金的受益者也是雇员及其家属，而保费由雇主缴纳，但雇主可以自由决定缴费额度的大小和时间年限；退休基金是 2002 年根据养老保险法规引入的第五种企业年金形式，指雇主向法律上具有独立地位的机构支付企业年金保费，该机构则为雇主提供企业年金服务。退休基金将退休储蓄的安全性优势与投资基金的收益机会相结合，可以对各类资产自由投资而没有数量的限制。

（二）资金来源

　　德国企业年金计划由企业雇主主导设立，一般由雇主根据企业年金计划的规定向保险机构缴费或者在企业内部预留基金进行积累，而不要求雇员强制缴费。自 2002 年起，参加强制性公共养老金计划的雇员可以通过工资转换形式参与企业年金计划的缴费，即雇员有权要求雇主在自己当期薪资中扣除一部分直接作为企业年金缴费，扣除比例最多不超过 4%。

　　具体到上述五种企业年金实现方式的筹资形式，大致可分为内部筹资和外部筹资两类。直接承诺实行内部筹资，即企业建立特殊的内部资金账户，在资产负债表上设立相关科目，实行企业年金债务的内部会计制度；互助基金、直接保险、退休储蓄和退休基金实行外部筹资，即雇主委托一个具有法人地位的基金机构或实体来办理其企业年金计划，大多采取基金制。

（三）员工权利

1. 福利承诺。企业年金作为雇员所享有的一种福利项目，其具体的福利权利一般依据雇主的承诺而定，该承诺即被称为福利承诺。总体而言，企业年金计划的福利承诺应当依据企业的实际情况和平等原则制定，其主要的实现途径包括：一是可以通过雇主单方面制定福利规章和做出综合承诺来表达自己在设立企业年金计划上的意愿，并根据这些意愿向符合前提条件的部分或所有雇员提供企业年金；二是可以通过雇主和雇员双方签署特别的协议或劳动合同来加以明确。企业年金福利承诺的内容应包括企业年金的实现形式以及具体的实施方案，一般而言，以上五种实现形式均可以采用，雇主和雇员可根据具体情况商议而定。而福利承诺的目的就在于在雇员退休、伤残或亡故的情况下，可以为其本人或遗属提供保障。

2. 递延薪酬。包括递延薪酬的权利和要求延续递延薪酬的权利。递延薪酬是指雇员放弃当期薪酬（或可以折算成薪酬的福利）的一部分，并要求雇主将这部分资金用于设立企业年金的行为。从 2002 年 1 月 1 日起，雇员原则上可以通过递延薪酬的方式拥有对企业年金的合法权利。然而，如果雇主和雇员双方是因放弃加薪而达成企业年金协议，则并不属于递延薪酬的范畴。关于递延薪酬的金额，从 2002 年 1 月 1 日起，雇员用来建立企业年金或参与企业年金缴费而可以从其薪酬内提取部分金额的限额，总计不超过普通养老保险（BBG）缴费限额的 4%，2009 年这一规定对应的限额为 2592 欧元。对于 2005 年 1 月 1 日以后的企业年金承诺，雇员在经与雇主协商后，还可以再免税递延 1800 欧元薪酬。这项权利原则上不受个人薪酬多少的影响。要求延续递延薪酬的权利是指当企业年金采用外部筹资方式实施时，若雇员的劳动关系仍然存在但本人却不再获得薪酬，雇员有权继续维持自己的企业年金计划。

3. 终身所有。终身所有是指在满足一定的条件下，雇员脱离原雇主后依然保留拥有企业年金的权利，即员工在中断与原雇主签订的企业年金协议后，可以将其转移给新雇主，也可以通过自行缴费的方式继续福利保障。若雇员采用自行缴费方式延续终身所有权利，则前提条件应满足原企业年金计划是通过外部实施方案执行的。若雇员欲将原企业年金计划转移给新雇主，则具体的实现途径包括以下两种：第一种是企业年金福利承诺的完全转移。所谓企业年金福利承诺的完全转移，是指新、老雇主以及雇员三方经过协商，同意新雇主完全遵守老雇主设立的原企业年金计划的福利承诺内容，从而达成企业年金计划的转移；第二种是企业年金福利承诺的价值转移。即新、老雇主以及雇员三方在协商一致的基础上，将老雇主承诺给付的、雇员已然拥有的企业年金终身所有的价值，在新雇主给予等值承诺的前提下转移给新雇主。

4. 破产保护。破产保护的目的在于当雇员所在的企业面临破产时，雇员拥有的企业年金权利依旧可以得到保障。对于德国养老保险法律将企业年金的权利划分为由雇主承担义务的权利和由福利结构承担义务的权利两种情况，破产保护有不同的规定。对于由雇主承担的义务，当雇主的偿付能力受到限制时，将由退休金保险联合会互助保险协会（PSVaG）提供破产保护，破产保护的范围涉及企业年金的终身所有权利等，而破产保护的企业年金具体形式包括直接承诺、互助基金、退休基金、直接保险。而对于退休基金这一实施方案，因其自身较为自由的投资规则以及连带的风险控制可以起到自身保护作用，故无须受到破产保护。对于由福利机构承担的义务，则无破产保护，原因是雇主的破产不会影响福利机构的支付能力。

（四）税收待遇

1. 缴存阶段税收待遇。从 2005 年 1 月 1 日开始实施的《养老金收入法》对德国企业年金的税收政策进行了修改，所以2004年12月31日之前和2005年1月1日之后签订的企业年金在缴存阶段的税收待遇有所差异。

对于2004年12月31日前签订的企业年金，其在缴存阶段的税收待遇可以分为三种，分别是税前列支、一次性征税和里斯特资助。税前列支需要满足的前提条件为：一是企业年金的实现形式是直接保险、退休储蓄和资本偿付型退休基金；二是计划提供的企业年金保障以年金形式或终身小额资本年金形式进行给付；三是企业年金的缴费在最高限额以内。2008年1月1日起，对于非资本偿付型退休基金的缴费原则上也可以考虑免税；而一次性征税是指对缴费的20%进行一次性征税（采用退休基金时不能进行一次性征税）。一次性征税主要针对以下三种情况：一是偿付形式为资本偿付的直接保险缴费；二是虽然以终身养老金为偿付方式，但雇员自愿放弃采用免税的直接养老金缴费；三是总缴费超过了免税额（BBG的4%）的最高限制；最后，雇员还有申请里斯特资助的权利，即雇员可以放弃免税和一次性征税的政策，以此来对个人征税部分的缴款要求里斯特资助。

对于2005年1月1日后签订的企业年金，按照《养老金收入法》的规定，直接承诺、直接保险、退休储蓄、退休基金和互助基金这五种形式的缴税形式统一规定为递延税项，即在缴存阶段税前列支，而对相应偿付阶段的养老金福利进行完全征税。

德国《所得税法》（EStG）对于企业年金的税收情况做出了明确的规定。根据《所得税法》第3章第63条的规定，若企业年金的实现形式为直接保险、退休储蓄或资本覆盖型企业年金，则从第一次缴费开始所缴费用即可享受免税政策。每年的缴费免税额为普通养老保险缴费限额的4%（2009年对应金额为2592欧元）。如果是2005年1月1日后给予的养老金承诺，缴费免税额在原有的基础上还可提高1800欧元。但是，当缴费超过了免税限额，则超出部分必须单独征税，不过在这种情况下，对于单独征收的税额，纳税人可以考虑要求里斯特资助。此外，《所得税法》第40条第2款规定，为了保障雇员的福利权利，一次性征税设置了总额限制。当雇员达到退休年龄而结束雇佣关系时，一次性征税是对雇员个人在雇佣关系终止年份以及之前 6 年所实际缴纳的费用和缴款进行征税。

2. 偿付阶段的税收待遇。首先，缴费阶段享受税收优惠或特别资助的直接保险、退休储蓄、退休基金，将作为其他收入以递延税项的形式征税；其次，若存缴阶段直接保险、退休储蓄或退休年金未享受免税或特别支出的资助，则对于这部分缴费采用一次性征税。对于这种缴费形式的企业年金，依照偿付形式的不同，偿付阶段的征税形式也有所不同。这里所指的偿付形式主要包括两种：终身养老金形式的偿付形式和资本偿付形式。若为终身养老金形式的偿付，则只对偿付阶段产生的收益进行一次性征税。若以资本偿付形式对企业年金进行偿付，则适用资本财产收入规定；最后，若企业年金中既有税收优惠或特别资助的部分，又有未享受的部分，则偿付阶段应分别考虑其相应的福利待遇。

（五）运行模式

现阶段，按照筹资和运作模式的不同，德国企业年金可分为收益确定型年金计划（DB）和缴费确定型年金计划（DC）两种。根据企业年金支付的承办机构不同，德国 DB 计划又可分为直接 DB 计划和间接 DB 计划，其中直接承诺为直接 DB 计划，其余的企业年金计划都可归为间接 DB 计划。在德国，雇主仍然被禁止提供单一的 DC 模式，而是必须确保最低的企业年金待遇标准的 DC 模式。从 2002 年起，直接保险、退休储蓄和退休基金开始实行这种具有最低待遇保障的缴费确定型。截至目前，DB 模式还是德国企业年金的主要模式。而 DC 模式在德国长期不受青睐，人们认为它无法有效承担雇员老年、残疾和死亡等风险。但是近年来，由于受欧盟其他成员国企业年金制度的影响，也为了扩展企业补充养老保险制度的覆盖范围，增加企业年金制度财务的弹性，DC 计划逐渐在德国受到重视。

第二节 美国企业年金制度

一、美国企业年金制度的建立及其发展

1875 年，美国运通公司为雇员建立了世界上第一个正式的企业年金计划。到 1905 年为止，多家铁路运输公司共同建立了 12 个正式年金计划，覆盖雇员达 49 万人。20 世纪初，美国企业年金计划快速增长，得益于 1920 年美国《国内税收法》开始对符合条件的企业年金计划进行税收优惠政策。美国税法对企业年金的税收优惠政策不断延长，并进行多次修订完善，不仅对传统的收益确定型计划的缴费实行免税待遇，还对缴费确定型的养老金计划予以税收优惠政策。美国税法 401（K）条规定，雇主和雇员向企业年金账户的缴费部分以及企业年金计划的投资收益部分的所得税，可延迟至雇员退休。实际上正是由于美国对建立私营养老金计划和退休储蓄计划的鼓励政策，极大地推动了企业年金计划的发展。除此之外，保障养老金资金安全也是美国国会的一贯政策导向，最著名的就是《1974 年员工退休所得保障法》。《1974 年员工退休所得保障法》（Employee Retirement Income Security Act of 1974，29 U. S. C. 1001 et seq. ，ERISA）通过维持那些雇主不能审慎管理的养老金计划，终止那些无法足额支付员工养老金的退休计划，建立了比较完善的对参加雇主养老保障计划的参保人和受益人权益的保障制度。

根据企业年金的运营模式差异，美国的企业年金计划基本可以分成两种类型，即收益确定型计划和缴费确定型计划。收益确定型计划的特点是，员工退休收益的计算基础是员工的工资和工龄，一般情况下，等于员工工龄乘以员工退休前一定年限的平均收入，再乘以退休金增长百分比，一般情况下为 1%～2%。多数企业一般都允许员工只要在 20 年以上工龄即可退休，提前退休金按照正常退休养老金的一定

比例减发。而缴费确定型退休计划从运作形式上看，实际上类似于由雇主管理的员工的储蓄账户，美国《国内收入法》401（K）条规定向这类账户缴纳的资金可以延迟缴纳联邦所得税。而且，雇主也向该账户缴纳收入的一定百分比的资金，缴纳部分可投资于股票、证券或者其他金融资产，而有的企业年金计划中，雇主按照职工缴纳的多少进行匹配缴纳，职工退休时，退休金就是该账户中的余额，基本上等于员工和雇主共同缴纳部分、利息收入、红利和资本利得或损失。员工可选择按照终身年金领用或者一定期限内固定收入支用，也可作为丧葬费用。

2004 年，美国私营企业的一半员工都参加了由雇主供款设立的企业年金计划，虽然从 1980 年以来这一参保比例一直没有发生大的变化，但是，不同类型的企业年金计划的参保结构却发生了很大改变。1980 年，参保人数最多的企业年金计划是传统型的收益确定型计划，而当时的缴费确定型年金计划一般都作为传统型的收益确定型养老金的补充，而到了 2004 年，由于收益确定型年金计划的管理缺陷和成本高昂，越来越多的雇主将收益确定型计划的转变为缴费确定型计划，此后缴费确定型的企业年金计划一直为美国企业年金计划的主要形式。

在美国《1974 年职工退休所得保障法》通过之初，雇主为雇员提供的企业年金计划的总体架构十分简单，类型相对不多。但该法案对雇主设立的企业年金计划的推动是巨大的，使称为美国养老保障制度第二支柱的企业年金计划逐渐成为一个庞大的、复杂的金融制度体系。目前，属于美国养老保险体系第二支柱的退休金计划种类很多，如 401（K）计划、403（b）计划、457 计划、IRA 计划等，它们各自的运作方式存在较大差异，对计划参保者也有不同的限定。尽管上述这些计划都符合美国国内税收法规的要求，但是各自适用的参保对象不同，401（K）计划的主要参保对象为营利性企业的雇员和其他一些非营利组织的成员，403（b）计划主要适用于教师、医护人员以及其他非营利组织雇员，而 457 计划只对州和地方政府的雇员以及非营利组织雇员适用，IRA 计划（不管是传统的 IRA 还是 ROTH IRA）的退休金账户适用于挣工资的工人及其配偶。区分美国退休金计划，最重要的标准之一是看该计划是否享受税收优惠政策，《1974 年职工退休所的保障法》就根据退休金计划是否享受政府税收优惠政策（或税惠大小差异）这一标准，将退休金计划分为适格计划与非适格计划。像 401(K) 计划、403(b) 计划、457 计划、IRA 计划、Keogh Plans（非企业退休金计划或自助计划）、SEP（简易雇员年金计划）等均属于适格计划，而其他形式的年金计划，如清偿年金，则属于非适格计划。

当前美国的企业年金计划形式越来越多，除了传统型的收益确定型计划，即使是缴费确定型的年金计划，各种形式的变化也越来越复杂。其中，401(K) 计划逐渐成为美国养老保险体系中最重要的组成部分，其在机制设计、管理原则、运作模式等方面都独具特色，在世界各国养老保险制度中也是独树一帜，而且对世界各国养老保险改革产生了深远影响。

二、美国企业年金制度的主要内容——以 401(K) 计划为例

美国 401(K) 计划的名字取自美国国内税收局的法令中解释退休金计划的 401(K) 条款部分，政府正式称其为现金或延迟安排（CODA）退休计划，但人们通常只是用其俗名 401(K) 计划。401(K) 条款，是指美国 1978 年修订后的《国内税收法》第 401 条 K 项的规定，该条款适用于为私营公司雇主和雇员的企业年金缴费提供税收方面的优惠。

（一）401(K) 计划的基本内容

按 401(K) 计划，企业为员工设立专门的 401(K) 账户，员工每月从其工资中拿出一定比例的资金存入该账户，而企业一般也为员工缴纳一定比例的费用。员工可自主选择证券组合进行投资，收益计入个人账户。员工退休时，可以选择一次性领取、分期领取和转为存款等方式使用。为了确保国家税收收入相对稳定、不出现较大流失，同

时又能够有效激励雇主和员工共同为雇员退休后积累起必要的退休金，美国《国内税收法》（IRC）401（a）对401（K）计划的参与者享受税收优惠的条件和其他事项做出了明确规定：

1. 适格员工。参加计划的员工的最低年龄不得超过21岁，同时服务工龄满1年方可成为适格员工参加计划。如果计划规定服务工龄须满2年，但给予完全的归属权，则最低服务工龄可规定为2年。该项规定限定了雇员年龄和工龄两项要求，能够防止雇主提出苛刻条件。

2. 归属权。雇员在参加计划后，雇主和雇员为企业年金缴费部分划入个人账户，归雇员所有的权利称为归属权。对于雇主缴费部分，员工参加计划超过一定时限（5年或7年），就可以获得归属权。悬崖式归属的雇主匹配缴费，过去规定最长的时间为7年，从2002年开始调整为6年；过去规定的时间为5年的，从2002年开始调整为3年。同时规定雇员自己缴费部分获得立即归属权。该项规定旨在保护雇员的就业自由和公众利益。

3. 非歧视原则。该项规定要求不得优惠高薪职员，目的是为了实现员工普惠制。

4. 不得提前取款。从个人账户中领取养老金的条件包括：年龄大于或等于59.5岁；死亡或永久丧失工作能力；发生大于年收入7.5%的医疗费用；55岁以后离职、下岗、被解雇或提前退休。一旦提前取款，将缴纳以下税款：扣除应付款的20%；按全部款项缴纳所得税（尽管已经扣除20%）；另外征收10%的惩罚性罚款。

5. 允许借款。同雇主匹配缴费和税后缴费一样，401（K）计划允许借款，而后偿还本金和利息，其优点是利息支付到自己的账户中而不是支付给银行或其他商业贷款人。但是401（K）计划对借款有数额限制，而且借款行为会影响账户资金的增值能力，并且要接受双重纳税，因为向401（K）账户的缴费是税前款，而支付贷款利息是税后款。

6. 困难取款。困难取款不需要偿还，但是在1年内不能向计划中缴费，而且要承担困难取款的代价——所得税和10%的罚金。困难取款只限于四种用途：支付本人、配偶或需要抚养、赡养人的医疗费用；

自己、配偶或未成年子女中级以上教育的下一年的学费；购买主要住房；避免失去主要住房的居住权。

7. 参加401（K）计划的雇员在年龄大于或等于70.5岁时，必须开始从个人账户中取款，否则政府将对应取款额征税50%。这一规定的目的在于刺激退休者的当期消费，避免社会落入消费不足的陷阱。

（二）计划类型

当前，美国401（K）计划存在四种类型，分别为：传统型401（K）计划、安全港401（K）计划、简易401（K）计划，ROTH 401（K）计划。

1. 传统型401（K）计划。传统型401（K）计划具有较大的灵活性。雇主可自行选择代表雇员缴费、匹配雇员缴费、或两者兼而有之。企业缴费的权益可设定一个确权期，即雇员必须达到一定的服务年限，才能获得这些缴费的权益。传统型401（K）计划需每年进行非歧视性检测。此外，还要向监管部门报告5500表[①]。企业雇主可以根据商业景气情况改变每年非选择性缴费（无论雇员自己是否缴费，雇主均按照每位雇员工资的一定比例向雇员的账户缴费）的比例，具有较大的灵活性。

2. 安全港401（K）计划。安全港401（K）计划规定雇主一旦缴费，所缴金额即归雇员完全所有。安全港401（K）计划不像传统型401（K）计划受制于众多复杂的税收规则，包括年度非歧视性检测。在安全港401（K）计划下，雇主每年必须做出匹配缴费或非选择性缴费的安排。安全港401（K）与传统型401（K）计划均适用于任何规模的雇主。

3. 简单401（K）计划。简单401（K）计划帮助小企业为雇员提供便利高效的退休计划，它主要适用于雇员在100人以下的雇主，且雇员在上一自然年度的报酬至少为5000美元。简单401（K）计划不受制

---

① 5500表，是依照《雇员退休收入保障法》，由美国劳工部、国内收入署和养老金利益担保公司联合编制的，用于合格养老金计划披露年报信息的一系列表格。它要求提供关于养老金计划财务状况、投资和运营等多方面的信息，是养老金计划监管的重要内容。

于传统型 401（K）计划的年度非歧视性检测；与安全港计划类似，雇主每年必须做出匹配缴费或非选择性缴费的安排，雇主一旦缴费，所缴金额即归雇员完全所有。

4. ROTH 401（K）计划。与上述 401（K）计划在税前缴费不同，ROTH 401（K）计划允许参与者以税后收入缴费，但投资收益和领取资金时将免税。雇员可同时拥有 ROTH 401（K）计划和传统型 401（K）计划，但两个计划之间不能现金转移。如雇员工作变动，ROTH 401（K）计划可转移至 ROTH 个人退休账户。

（三）401（K）计划的运作及管理

1. 运作参与者。401（K）计划的运作参与者包括：计划的发起人，他们通常是雇主；受托人，他们可以是某个人、小组或委员会，全权负责组织实施计划的运作。对受托人的要求规定了受托人的职责范围，并规定美国劳工部负责监督受托人义务的履行情况，如果发现受托人违反审慎者原则，有权代表企业年金计划参与者和受益人提出指控（此规定旨在确保退休金计划经营上的稳健性和退休金给付上的安全性）；计划管理人，向参加计划的雇员和受益人提供《计划简介》，保证雇员和受益人有权获取退休金计划财务管理信息及其他有关文件的权利，并负责定期报告和披露信息，每年还要向美国劳工部上交公司年度的财务报告；投资经理，一般雇佣外部投资人帮助公司管理保障计划；会计财务经理，一般雇佣外部会计财务人员帮助管理计划的资金项目。

2. 运作模式。401（K）计划的运作模式属于 DC 模式，它规定了缴费占员工工资的比例，并且规定了雇员享受税收优惠政策的缴费上限，将缴费资金运用的选择权给予员工自己，退休金的多少直接与缴费数量的多少、投资方式的选择相关。员工可以每月从其工资中拿出不超过 25% 的资金存入养老金账户，2010 年 401（K）计划职工个人缴费上限是 16500 美元，如果年龄超过 50 岁，每年可以再增加 5500 美元，这样职工个人缴费上限为每年 22000 美元。企业雇主通常为员工提供相当于员工自身缴款25%～100%的配比缴款，同时规定雇主在雇员401（K）计划中投入资金的上限是雇员年收入的6%。

3. 投资与管理。美国政府给予401（K）计划广泛的投资选择权，它包括短期贷款、股票、共同基金、债券等，因此，401（K）计划在美国资本市场上占有重要的地位。美国对401（K）计划实施法定合计准则（SAP），它要求定期对401（K）计划的财务状况提供保守估计，美国证券监管局对401（K）计划还规定了信息披露要求。美国税法404（C）明确了管理401（K）计划的法律体系。此外，许多非营利的学术研究机构对401（K）计划提供政策和法律咨询。早期阶段，401（K）计划发起人提供给参与者平均3～5只投资组合产品，而当前其提供的投资组合数量平均上升至20只左右，极大丰富了参与者的投资选择。

4. EET税制。EET税制的特点是当期消费和后来消费之间是中立的，同时确保收入不能征税两次，它反映的是长期养老金储蓄、在生命期间收入再分配的真实性质。美国对企业年金计划实施的是EET税制，该制度允许雇主与雇员从他们的税前收入中扣除养老金缴费额，并减免养老金投资收益所得税，只在养老金领取时像对待其他应纳税收入一样，征收个人所得税。

5. 监管。401（K）退休计划的监管涉及各金融监管机构、国内税务局和劳工部。各金融监管机构的主要职责是对偿付能力、市场行为、公司治理、投资行为、信息披露等进行监管。国内税收局的主要职责是防止税收收入流失和税收待遇被滥用。劳动部的主要职责是：确认计划发起人、计划参与者、计划本身的合格性；严格贯彻落实"非歧视"原则；监督受托人履行职责。

（四）401（K）计划的发展变化

美国2001年通过了《经济增长与减税调和法案》（Economic Growth and Tax Relief Reconciliation Act，EGTRRA），将参加计划雇员的缴费上限从1996年的9500美元（1992年是8728美元）提高到2001

年（含）以后的 10500 美元；并通过了"追加缴费"的规定，即年龄超过 55 岁的雇员可以突破缴费上限，每年可以向 401（K）计划追加1000 美元的缴费；该法案还首创了 ROTH 401（K），将 401（K）计划的特点与 ROTH IRA 计划的特点结合起来，鼓励雇员以税后收入进行储蓄，账户资金以税收递延的方式增值，并免除利息所得税。近年来，美国又创造了一个新的概念和退休金工具——KSOPS，它是将 401（K）计划和 ESOPs（雇员股权计划）计划结合在一起。

不少经济学家和议员针对 401（K）管理和运作，提出了许多建议：《工人投资和退休教育提案》强调了雇员获得投资信息、雇主为雇员自主投资免费提供投资咨询的重要性；对 401（K）和 KSOPS 适用的投资多样化原则，强调雇员自主选择投资方式、投资多元化的重要性，认为雇主以公司股票作为匹配性激励的 401（K）和雇员持股计划，在 3年后，雇员应该获得投资的自由选择权，而雇员持有公司的所有股票也应该在 5 年后获得投资的自由选择权。

第三节　澳大利亚企业年金制度

一、澳大利亚企业年金制度的建立及其发展

尽管澳大利亚的公共养老保险体系较为完备，但是其为老年人提供的养老金还是非常有限的。加上经济调查制度的介入，有很多老年人无法获得政府提供的公共养老金。为了使大多数老年人能够获得社会养老保障，也为了提高老年人的养老金水平，澳大利亚推出了企业年金制度。

事实上，澳大利亚很早就有类似的企业年金，在 20 世纪 50 年代以前，澳大利亚在银行、大公司及政府部分的雇员中就开展企业年金（或职业年金），在当时称之为私人年金。在 20 世纪 50 年代，企业年金开始面向更多的劳动者，但是主要是以行业奖励形式提供给那些长

期雇员（重点是工作时间长且忠诚服务的人）。在20世纪60年代，许多私人部门开始建立自我管理基金，或者向那些专职的企业年金基金管理部门供款，为自己雇员提供老年补充保障，尤其是在政府为企业年金供款提供税收优惠政策以后，企业年金开始快速发展，并进一步扩大到自雇者中。然而，覆盖面很窄，参加的人很少。在20世纪80年代初期，工党上台后积极致力于为雇员提高工资，改善雇员的生活条件。此时，工会便趁之呼吁提高其行业范围内雇员的企业年金覆盖面，希望能为雇员在工资之外带来更多的收入。工会的做法与政府不谋而合，澳大利亚政府与工会达成协议，由雇主给予雇员增长6%的工资作为补偿，但只将其中的3%发给雇员，另外的3%要求雇主为雇员缴纳企业年金保险费，存入行业基金的个人账户中，作为雇员的年金基金，该协议在全国工业法庭上获得通过，并获准执行。这就是所谓的澳大利亚生产奖励性超级年金（productivity award superannuation，PAS）。该协议实施后不久，企业年金的参保面大幅提高，并得到了广泛的支持。但是，直到20世纪80年代末，企业年金仅仅覆盖了58%的全职雇员、19%的兼职工作者和2%的失业人员，大多数部门的雇员得不到任何的企业年金保障。（Worthington，2008）其中存在的主要问题是部分雇主不愿意参加，参保面受限，同时，实施过程中也存在一些管理问题。为此，使澳大利亚政府下决心着手解决这一问题。首先政府要解决的问题是雇主必须为雇员缴费的问题，自愿缴费难以确保大多数雇员获得保障。针对这一问题，在1992年，澳大利亚政府推出了企业年金保证计划（superannuation guarantee，SG），也叫超级年金保证制度，即通过立法，强制所有雇主必须为其所有雇员缴纳年金保费，从而保证了该计划的顺利实施。这一举措，被称为强制性供款的"超级年金保证制度"，或者强制供款的企业年金制度。

自超级年金制度建立以来，澳大利亚政府不断地调整和完善相关参数与内容，如在雇主缴费率方面由1992年的3%调整到2002年的9%，至今一直保持9%的缴费率。同时，为了鼓励雇主和雇员缴费，推出税收抵扣政策等。目前超级企业年金制度作为一项强制性供款的企业年金制度，已经成为澳大利亚社会养老保障制度体系的重要组成部分。

二、澳大利亚企业年金制度的主要内容

（一）种类

澳大利亚超级年金种类很多，每一种类型的基金都有自己的规定，雇员可以根据自己的情况选择参加。根据管理主体和参加群体的不同，大体可以分为以下五种类型：

1. 公共部分基金。主要对联邦、州和领地政府雇员开放的一种基金。

2. 公司基金。主要对一个特殊行业的雇主或者公司的工作人员开放的一种基金。

3. 行业基金。一种对任何人开放的基金，但对于特殊行业的雇员，如果雇主与该基金有协议约定，则其也可以参加。

4. 零售基金。是一种由金融机构运行的对任何人都开放的一种基金。

5. 自我管理基金（self-manageed super funds，SMSF）。是一种管理责任完全由受托人（参加人自己）决定的一种基金。

近年来，随着澳大利亚人口老龄化的加剧，政府养老金的负担越来越重，政府开始采取多种措施鼓励其劳动者参加年金计划。在以上五种基金类型中，自我管理基金发展势头最好，已成为基金数量和资产占比最大、对企业年金资产增长贡献最大的项目。如果一个雇员选择加入自我管理基金，则意味着其建立了一个自我管理基金账户，那么该基金的管理责任完全由雇员自己决定。对个人来讲，建立和开放一个自我管理基金其实质就是一个重要的金融决策过程。因为在该种基金类型下，雇员充当基金成员和受托人的双重角色，也就是说，雇员能够控制和承担自己的基金投资取向，同时，雇员也负有管理基金的法律责任。和其他四种类型的企业年金一样，自我管理基金也能获

得政府的税收优惠，其中有些缴费也能享受 15% 的优惠税率。

（二） 参保范围与资格

按照澳大利亚企业年金计划规定，凡是雇员年龄在 18 ~ 69 岁，且税前收入在 450 澳元及以上的，均可参加该养老金计划。也就是说，一般情况下，符合年龄要求和收入要求的雇员都有权获得雇主的养老金供款。而对于 18 岁以下的雇员，除了要满足正常年龄段雇员一样的收入，及每月税前收入至少为 450 澳元及以上外，还要满足特定的工作时间条件，即必须每周工作 30 小时以上。

对于一些特殊情况，澳大利亚政府不强制要求雇主为雇员参加企业年金：（1） 如果雇员是为某一私人或者家庭从事有酬工作每周在 30 小时及以下；（2） 在澳大利亚国家以外从事工作的非澳大利亚居民，且由非澳大利亚居民雇主为其支付工资；（3） 持有某一类型签证的外国高级行政人员；（4） 在澳大利亚为一个境外雇主暂时工作，且有双边社会保障协议特别条款提供保障。

澳大利亚企业年金计划实行半强制性政策，即对澳大利亚合法雇主实现强制参加，并要求为雇员年金账户供款，而对于雇员，则不做强制参保要求，也就是说，不强制要求雇员缴费。同时，对于自雇者，政府也是采取自愿参加的政策。

（三） 缴费类型与标准

澳大利亚企业年金计划按照不同标准有不同的划分类型。在对某一具体缴费过程中，各种类型是相互交织在一起的。

按照缴费的主体来看，有三种类型：

一是雇主缴费，按照规定，雇主按照雇员的正常劳动报酬收入的 9% 为雇员缴纳保险费，同时政府也要求雇主为一个雇员至少缴纳 3 个月费用，其中，正常劳动报酬收入是指雇员在法定的正常工作时间内所获得的报酬收入，具体包括超额奖、佣金、津贴、奖金和带薪休假等，但不包括年度假和所花经费的返还等，一般情况下也不包括超时加班。

二是雇员和自雇者缴费，也叫个人缴费。所谓个人缴费，就是符合参加企业年金计划资格的个人为了获得更高水平的养老金待遇，自愿为自己账户缴费的行为。由于个人缴费属于自愿行为，所以个人在任何情况下都可以为自己的企业年金账户缴费，而且个人缴费完全是在雇主缴费的基础上对自己账户资金的追加，个人追加缴费额度，可以达到任何一个雇主为自己账户缴费的任何一个可能额度。个人缴费形式多样，有自己为自己供款，也有配偶相互供款情况，但该项缴费也有一定的年龄和工作要求限制：如果其年龄在 65 岁以下，则能够直接为其配偶的账户缴费；如果年龄在 70 岁以下，则在其想为其配偶供款的那个财务年度有连续 30 天以上一直从事有酬工作至少 40 小时的工作要求，才能有资格为配偶缴费。

三是政府配额缴费。共同缴费主要针对中低收入人士，政府会根据其个人缴费额度，利用政府资金给予适当的资助。这也就是政府为中低收入人士的合法缴费提供缴费配额，但是该配额具有最高限额规定。其具体做法是，政府先规定一个收入门槛，包括低收入门槛和高收入门槛。如果缴费者的收入低于或者等于低收入门槛，则其可以享受政府 1∶1 的配套补助缴费，也就是说，缴费者每缴纳 1 澳元，政府将为其补缴 1 澳元，但政府最多为其缴纳 1000 澳元；如果缴费者的收入在低收入门槛和高收入门槛之间，则政府补助缴费开始递减，直到缴费着的收入达到高收入门槛时，政府不进行补助缴费。

按照缴费的性质来看，有强制性缴费和自愿性缴费，其中对于雇主是强制性缴费，对于雇员和自雇者属于自愿性缴费。

按照与税收的关系，则有优惠缴费和非优惠缴费两种形式。所谓优惠缴费，就是缴费者通常可以利用税前收入进行企业年金缴费，或者为自己的企业年金缴费申请收入所得税的减免。其实质就是享受税收优惠，为此有时也称"税前缴费"。一般的优惠缴费包括由雇主贡献的强制性企业年金保证缴费、薪水缴费以及任何个人缴费。非优惠缴费通常是指缴费者用税后收入为其企业年金账户进行供款，或者缴费者所缴的保险费超过了一定的限度，政府在收入所得返还上不给予其优惠，通常也叫税后缴费。一般的，非优惠缴费限额是优惠缴费限额的 6 倍。在优惠限额以下的缴费，其企业年金保险费按照 15% 的税率提供税收优惠，对于超过了优惠缴费限额但在非优惠缴费限额的部分，按照 31.5% 的税率进行收税，超过非优惠缴费限额的部分，按照 46.5% 的税率征税。

（四）福利待遇

由于企业年金基金有投资回报和税收优惠的政策，所以一般来说，企业年金账户缴费越早，退休者所获得的年金收益越多。当然，澳大利亚企业年金福利金的多少还取决于其在基金中留存的时间及其留存年龄。

1. 留存期和留存年龄。留存期，是指法律上规定的参加企业年金制度的人必须将其年金缴费和增值部分存储在某一基金中最短的期限。拥有留存福利的资格取决于参加人的留存期年龄。留存年龄是参加人获得年金前必须达到的年龄，留存年龄取决于参加人的出生时间。目前，澳大利亚企业年金计划的所有参加者至少达到 55 岁才能进入和使用这个基金。留存年龄与退休年龄及领取年金的年龄是不同的。退休年龄往往是政府规定的退出劳动岗位的法定年龄，到了法定年龄的劳动者具有退休的权利，也有领取年金的权利。领取年金的年龄是用来确定获得某些政府福利的资格，包括政府基本养老金的领取年龄，也就是说，参加年金计划的人必须达到该计划规定的起领年金的年龄。目前澳大利亚政府基本养老金的领取年龄是男 65 岁，在 1935 年 7 月 1 日前出生的女性为 60 岁，计划逐渐提高到 1949 年 1 月 1 日后出生的女性 65 岁，而退伍军人的基本养老金年龄要提前 5 岁。领取养老金的年龄与退休年龄可以一致，也可以不一致。在人口老龄化的情况下，许多国家包括澳大利亚在内其法定退休年龄与领取养老金的年龄不一致。一般情况下，领取养老金的年龄比退休年龄晚 1~5 年。

2. 年金的领取。按照澳大利亚企业年金计划的规定，只有当参保人到达福利留存年龄时才可以获得该计划的年金福利。澳大利亚政府对企业年金有着严格的管理，一般情况下，任何个人不得在最低留存年龄即 55 岁之前动用自己的福利基金，除非是处于特殊情况下，如包括严重的财务困难或者处于特殊照顾，不能通过医疗保障计划实施的医疗照顾、永久或者暂时失去劳动能力等情况，才可以提前动用自己的年金。除了正常的养老金支取外，参保人从该计划中还可以获得其他相关福利金待遇，如参保人死亡后其亲属可以获得抚恤金福利、参保人可以在退休过渡中获得部分的资金支持以及参保人如果是临时居民，则可以获得处境养老给付款等。

年金有两种支付方式，一种是以年金收入流的形式分期支付，另一种是一次性发放。需要说明的是，年金收入流能为参保人在整个退休期间提供正常且有保证的收入支持。如果企业年金账户中的款项不足以支持参保者的收入，那么参保者还可以获得政府的收入支持，如政府的养老金、服务津贴、福利金以及税收抵消等。

3. 年金支出构成及纳税。澳大利亚企业年金支出由两部分构成，即免税年金部分和纳税年金部分。所谓免税年金部分是指参保人所领取的养老金不再计入应税收入，不需要纳税。一般是指达到法定领取年金年龄的参保人所领取的来自已纳税基金的年金。所谓纳税年金部分是指参保人领取的年金属于应税收入，需要纳税。它又包括两个部分，即已纳税部分和未纳税部分，也可以分别叫做纳税成分和未纳税成分。其中，已纳税成分是指在年金基金中已经纳过税的年金，其一旦被支付出去后，它有可能有另外的税收支付，也有可能不必要再支付税金。但对于需要再支付税金的已纳税成分年金可以计入参保人的税收返还中。未纳税成分是指所领取的年金在基金中始终没有纳过税，其必然要计入应税收入中并需要纳税，那么作为应税收入的一部分自然也包括在参保人的税收返还中。

参保人如果想了解自己的年金纳税情况，则只需要弄清楚自己的年金支出构成，即纳税年金部分的已纳税成分和未纳税成分即可，因为免税年金部分是不需要纳税的。此外，如果参保人还想知道自己的年金是如何纳税的，则在弄清楚自己的年金支出构成外，还需要知道自己领取年金的年龄状况。一般参保人的领取年龄状况包括三类：一是在留存年龄之前；二是在留存年龄和60岁之间；三是到达60岁或者60岁以上。留存年龄是参保者能够正常获得年金福利金的年龄。如果参保者退出工作岗位后，一旦到达留存年龄便可以获得年金。此外，影响纳税金额大小的因素还有参保人年金的支出类型，年金支出类型通常包括三种，一是一次性领一笔资金；二是以年金形式获得年金收入流；三是两者的组合。

第四节　我国企业年金制度与发展

一、我国企业年金制度的建立与发展

（一）我国企业年金制度发展历程

我国企业年金制度的发展同样遵循着中国市场经济改革的渐进式理念，即可以划分为探索、试点和规范三个阶段。

1. 企业年金制度探索阶段（1991～2000年）。

从1991年6月26日国务院颁布《关于企业职工养老保险制度改革的规定》，提出企业可根据自身经济能力建立企业补充养老保险，到2000年12月25日颁布《关于完善城镇社会保障体系的试点方案》的这段时间，为我国企业年金制度的探索阶段。

国务院在1991年颁布的《关于企业职工养老保险制度改革的规定》中，第一次提出了建立企业补充养老保险的问题。文件规定，国家提倡、鼓励企业实行补充养老保险，企业补充养老保险由企业根据自身经济能力，为本企业职工建立；企业补充养老保险所需的费用从企业自由资金中的奖励、福利基金内提取；劳动部门所属的社会保险管理机构，是非营利性的事业单位，经办基本养老保险和企业补充养老保险的具体业务。

1995 年《国务院关于深化企业职工养老保险制度改革的通知》中规定：国家在建立基本养老保险，保障退休职工基本生活的同时，鼓励建立企业补充养老保险；企业在按规定缴纳基本养老保险费后，可以在国家指导下，根据本单位经济效益情况，为本企业职工建立补充养老保险，由企业自主选择经办机构。同年劳动部颁布的《关于建立企业补充养老保险制度的意见》中，提出了建立规范的企业补充养老保险的若干政策意见，包括实施条件、决策程序、资金来源、计发办法和经办机构等，明确提出企业补充养老保险采用"个人账户"方式管理，将我国的企业补充养老保险定位为 DC 模式，并介绍了我国大连市、上海市以及美国和日本建立企业补充保险的情况；1997 年国务院颁布《关于建立统一的企业职工基本养老保险制度的决定》，明确在国家政策指导下要大力发展企业补充养老保险，上海市和深圳市等一些发达地区据此出台了地方试点性质的政策文件，对补充养老保险给予程度不同的税收优惠，铁道、邮电、电力、交通、金融等 10 多个行业先后建立了补充养老保险。

2. 企业年金制度试点阶段（2000～2004 年）。

2000～2004 年，国务院颁布《关于完善城镇社会保障体系的试点方案》，标志着我国企业年金进入发展完善的试点阶段。

2000 年，国务院颁布的《关于完善城镇社会保障体系的试点方案》中，将企业补充养老保险更名为"企业年金"，并提出有条件的企业可以为职工建立企业年金计划，实行市场化运营和管理；企业年金实行基金完全积累，采用个人账户方式进行管理，费用由企业和个人缴纳。

企业年金试点阶段虽然提出了企业年金概念并规定其实行市场化管理，但没有明确具体的投资制度。各地的企业年金投资管理制度不统一：有的是由地方社会保险经办机构管理，称为"经办模式"；有的是行业经办机构或者企业自己管理，称为"自办模式"；还有的是通过商业保险公司的团险管理，称之为"团险模式"。在企业年金投资方面，在 2004 年之前，企业年金投资不具备统一的投资规则。

3. 企业年金制度规范阶段（2004 年至今）。

自 2004 年 5 月 1 日起正式施行的《企业年金试行办法》（劳动和社会保障部第 20 号令）和《企业年金基金管理试行办法》（劳动和社会保障部第 23 号令）对企业建立企业年金的基本条件、决策程序、资金来源、管理办法、待遇给付、企业年金基金管理机构、投资运营、监督管理等提出了明确规范，标志着我国开始全面推行企业年金制度。而到了 2011 年 5 月 1 日，新的《企业年金基金管理办法》开始实施，标志着我国企业年金的发展进入了新的阶段，企业年金基金管理和投资运营更加规范。

2004 年 1 月 6 日劳动和社会保障部颁布《企业年金试行办法》，同年 2 月 23 日劳动和社会保障部联合中国银监会、证监会和保监会颁布《企业年金基金管理试行办法》，两个办法均从 2004 年 5 月 1 日起执行。文中明确规定了受托人、账户管理人、投资管理人和托管人的职责；规定了企业年金基金投资管理应当遵循审慎、分散风险的原则，充分考虑企业年金基金财产的安全性和流动性，实行专业化管理；同时还规定了企业年金基金财产的投资范围，对收益分配及费用、信息披露、监督检查等方面也做了相应的规定。上述两个办法的出台，标志着我国企业年金发展进入了法制化、规范化和国际化轨道。

此后，人力资源和社会保障部、财政部、银监会、证监会、保监会、国资委、人民银行出台了一系列配套企业年金政策法规和实施办法。2004 年 9 月 29 日，劳动和社会保障部、中国证监会联合签发《关于企业年金基金证券投资有关问题的通知》，2004 年 12 月 31 日劳动和社会保障部又颁布了《企业年金基金管理机构资格认定暂行办法》，同时还出台了《企业年金基金管理运作流程》《企业年金基金账户管理信息系统规范》和《企业年金基金管理机构资格认定专家评审规则》等配套办法，使我国企业年金在基本建立的法律制度框架内进入具体实施阶段。

2011 年新修订的《企业年金基金管理办法》是在对《企业年金基

金管理试行办法》颁布 6 年以来，企业年金运行中存在问题及市场供需充分分析与总结的基础上，有针对性地进行优化与完善，不仅进一步明确了相关部门的监管职责、监管程序和方式以及中央、地方监督权限划分，为监督功能的有效发挥提供了法律依据，而且也调整了企业年金的投资范围与投资比例，将固定收益类投资比例由不高于 50% 提高到 95%，流动性投资比例由不低于 20% 降低到 5%，取消投资股票的比例不高于基金净资产 20% 的比例限制；同时还明确了企业年金管理机构违反该规定的处罚措施及责任承担，加强了监督管理的力度，进一步规范了市场机构的行为。

2017 年底，人社部、财政部联合印发《企业年金办法》，将自 2018 年 2 月 1 日起施行。该办法在作用范围、管理模式条件程序、方案内容、资金来源、缴费规定、归属问题、财户转移、领取待遇和领取方式等方面予以明确规定，是在我国社会保障制度不断健全和企业年金市场持续发展基础上，对 2004 年《企业年金试行办法》的修订和完善。

（二）我国企业年金制度总体特征

经过不断发展，我国企业年金制度形成了以下总体特征：

1. 企业年金采取完全积累的个人账户形式，即企业和职工共同向个人账户中缴费，所形成的基金归属个人所有。

2. 采取信托制的基金管理模式。受托人所承担的法律责任得到明确界定，企业年金基金资产的独立性也得到了强化，从而有效地控制了基金运营风险，最大限度地维护和体现受益人的根本权益。

3. 采取分权制衡的基金管理结构。受托人、账户管理人、托管人和投资管理人在基金运营过程中各司其职、各负其责、相互制衡，为基金安全提供了有力的制度保证。

4. 采用基金托管制度。明确规定托管人和投资管理人不得为同一人，不得相互出资或相互持有股份，从而实现各方管理人自由财产和企业年金基金财产相分离，使托管人对投资管理人的监督职能得以发挥。

5. 采取市场化运作。行业部门和社会保险经办机构以及企业自行管理的原有企业年金，全部移交给具备资格的企业年金理事会或法人受托机构管理运营，即又由后者承担基金资产、基金负债、账户记录、相关财务及业务档案资料等管理工作。

6. 给予税收优惠并由政府实施监督。人力资源和社会保障部会同中国银监会、中国证监会、中国保监会等政府其他部门协同监管企业年金的基金运行。企业年金管理机构实行市场准入制度，限定只能由取得相应资格的机构才能开展企业年金基金管理业务，这就要求这些管理机构必须通过政府主管部门组织的企业年金基金管理机构资格评审。受托人、账户管理人、托管人和投资管理人在开展企业年金基金运营相关业务时，应当建立信息披露制度，按照相应规定向有关监管部门报告企业年金基金运营情况，向委托人或受托人提交基金管理的定期报告，并保证信息真实有效、充分可靠和持续动态。监管部门逐渐建立对企业年金基金管理机构的日常监管、持续监管的制度。

（三）我国企业年金税收优惠政策

早在 1997 年国务院颁布的《关于建立统一的企业职工基本养老保险制度的决定》明确在国家政策指导下要大力发展企业补充养老保险后，上海市和深圳市就据此出台了地方试点性质的政策文件，对补充养老保险给予程度不同的税收优惠。但在国家层面决定实施企业年金税优政策则是 2000 年国务院发布的《关于印发完善城镇社会保障体系试点方案的通知》。我国的企业年金税收优惠政策可以从企业所得税税收优惠和个人所得税税收优惠两个方面加以概括。

1. 企业所得税税收优惠政策。我国企业年金的企业缴费部分的企业所得税优惠政策经历了从无到有、从地方性政策到全国统一政策的过程。

2000 年 12 月，国务院颁布《完善城镇社会保障体系的试点方案》

并选择辽宁省开始试点，首次将企业补充养老保险更名为"企业年金"，并明确企业年金举办单位可以享受税前列支的税收优惠政策，即企业缴费在工资总额 4% 以内的部分可以从成本中列支。2003 年，国务院办公厅发布的《关于印发文化体制改革试点中支持文化产业发展和经营性文化事业单位转制为企业的两个规定的通知》重申了 4% 的规定。2003 年，财政部发布的《关于企业为职工购买保险有关财务处理问题的通知》规定，辽宁等省完善城镇社会保障体系试点地区的企业，提取额在工资总额 4% 以内的部分，作为劳动保险费列入成本（费用）；非试点地区的企业，应从应付福利费中列支，但不得因此导致应付福利费发生赤字。2003 年，国家税务总局发布的《关于执行〈企业会计制度〉需要明确的有关所得税问题的通知》规定，企业为全体雇员按国务院或省级人民政府规定的比例或标准缴纳的补充养老保险、补充医疗保险，可以在税前扣除。

国务院 2000 年发布了辽宁省试行 4% 税优试点的文件之后，据初步统计，包括 1997 年上海市出台的企业补充保险的税优规定，全国共有 31 个省政府发布了税收政策文件。其中，21 个省份对企业年金税优比例做出专门规定，10 个省份在其基本养老保险实施意见中规定了企业年金的税收比例。在这 31 个省份中，只有 1 个省在其文件中没有明确税优比例（河南省），有 16 个省份规定的企业缴费优惠比例是 4%，8 个省份是 5%，2 个省份是 6%，2 个省份是 8.3%，1 个省份是 12%，2 个省份是 12.5%。然而，地方性税优政策非常不规范，比例相差悬殊，大致存在 5 个档次，且最高档是最低档的 3 倍；另外，时间分布很不均衡，2004 年当年比较集中，共有 10 个省份，2004 年之前有 5 个省份（含 1997 年之前的 1 个），2005 年之后有 16 个省份。2006 年，财政部颁布的《企业财务通则》规定，为职工建立补充医疗保险和补充养老保险，所需费用按照省级以上人民政府规定的比例从成本（费用）中提取。超出规定比例的部分，由职工个人负担。此外，国资委 2005 年《关于中央企业建立企业年金制度的指导意见》和 2007 年《关于中央企业试行企业年金制度有关问题的通知》强调执行 4% 税优比例，央企缴费不能超过8.3％。

2008年，财政部发布的《关于企业新旧财务制度衔接有关问题的通知》规定，补充养老保险的企业缴费总额在工资总额4%以内的部分，从成本（费用）中列支。企业缴费总额超出规定比例的部分，不得由企业负担，企业应当从职工工资中扣缴。

2009年6月，财政部和国家税务总局联合颁发的《关于补充养老保险费补充医疗保险费有关企业所得税政策问题的通知》规定，自2008年1月1日起，企业根据国家有关政策规定，为在本企业任职或者受雇的全体员工支付的补充养老保险费、补充医疗保险费，分别在不超过职工工资总额5%标准内的部分，在计算应纳税所得额时准予扣除；超过的部分，不予扣除。

2. 个人所得税税收优惠政策。主要包括对个人缴费部分和企业缴费列入个人账户部分征收个人所得税的优惠政策。

2009年，在国家税务总局《关于企业年金个人所得税征收管理有关问题的通知》颁布前，我国尚没有全国统一的企业年金个人所得税税收优惠政策。而在地方税优政策中，除西藏自治区、江苏省和湖北省在缴费比例中规定了个人缴费税优外，其他省份制定的税优也均指企业缴费。

2009年，国家税务总局《关于企业年金个人所得税征收管理有关问题的通知》规定：企业年金的个人缴费部分，不得在个人当月工资、薪金计算个人所得税时扣除，企业年金的企业缴费计入个人账户的部分属于个人所得税应税收入，在计入个人账户时，应视为个人一个月的工资、薪金（不与正常工资、薪金合并）。

2011年，国家税务总局《国家税务总局关于企业年金个人所得税有关问题补充规定的公告》规定：企业年金的企业缴费部分计入职工个人账户时，当月个人工资薪金所得与计入个人年金账户的企业缴费之和未超过个人所得税费用扣除标准的，不征收个人所得税。

2013年，财政部、人力资源和社会保障部和国家税务总局《关于企业年金、职业年金个人所得税有关问题的通知》的规定则借鉴发达国家通行做法的基础上，结合我国实际对年金个人所得税政策体系，采用了 EET 递延纳税模式：（1）在年金缴费环节，对单位根据国家有关政策规定为职工支付的企业年金或职业年金缴费，在计入个人账户时，个人暂不缴纳个人所得税；个人根据国家有关政策规定缴付的年金个人缴费部分，在不超过本人缴费工资计税基数的 4% 标准内的部分，暂从个人当期的应纳税所得额中扣除。（2）在年金基金投资环节，企业年金或职业年金基金投资运营收益分配计入个人账户时，暂不征收个人所得税。（3）在年金领取环节，个人达到国家规定的退休年龄领取的企业年金或职业年金，按照"工资、薪金所得"项目适用的税率，计征个人所得税。

二、我国企业年金发展情况

（一）基金规模和覆盖面

1991～2005 年，我国企业年金覆盖企业数和参保职工人数都非常有限，基金积累规模也比较小。据人力资源和社会保障部透露，1991～2005 年，全国共积累企业年金基金 680 亿元，平均每年仅增加 45 亿元。2005 年，全国已建立企业年金的企业达 2.4 万家，参加职工 560 多万人，主要分布在经济发展水平相对较高的大城市和东南沿海地区，集中在一些大企业、大集团，如电力、电信、石油、石化、航空等优势行业。资金主要用于银行存款、债券以及购买商业养老保险及股票投资等。

2006～2012 年，中国企业年金市场出现了一个较快发展时期。

2006 年，全国企业年金基金为 910 亿元，到 2012 年末基金规模达到 4821 亿元，增加了 4 倍多。其中，2007 年增长最为迅猛，该年末基金规模为 1519 亿元，比上一年度增长了 66.92%；但是 2008 年和 2009 年基金规模增长速度开始下降，分别比上一年增长了 25.81% 和 32.55%；相对而言，2010 年基金增速开始明显下降，只比上一年度增长了 10.90%；而 2011 年和 2012 年基金规模增长速度又有所回升，分别比上一年增长了 27.09% 和 35.04%。

2006 年底，中国建立企业年金的企业为 2.4 万多家，参加职工共计 964 万人，而到了 2012 年，经历了短短 7 年的发展，建立企业年金的企业数已达到 5.47 万家，年均复合增长率为 12.49%；同期参加职工高达 1847 万人，年均复合增长率为 9.73%。

截至 2013 年底，企业年金基金累计结存 6035 亿元，相对于 2012 年的 4821 亿元增长了 25.18%，明显低于 2012 年 35.04% 的增长率，从 2006 年算起只高于 2010 年 10.90% 的增长率。理论上讲，企业年金基金规模的增长来自三个方面：一是参加企业年金职工人数的增长；二是参加企业年金职工工资（费基）的提高；三是企业年金基金投资收益的增加。2013 年，企业年金基金出现了较小收益（加权平均收益率为 3.67%），因此前两个因素基本上决定了 2013 年企业年金规模的变化。

首先，从参保职工人数增长上看，建立企业年金的企业数和参加企业年金的职工数从 2012 年的 5.47 万家和 1847 万人分别提高到 2013 年的 6.61 万家和 2056 万人，增长幅度分别为 20.84% 和 11.32%。其次，如果不考虑投资收益的变化（投资收益率绝对值很小），那么不难近似地估算出，参加企业年金的职工工资（费基）增长为 12.46%。显然，职工工资（费基）增长和参加职工人数增长对企业年金基金规模的影响几乎相同，同时也意味着相对于前几年，企业年金基金规模的扩面效应在 2013 年出现了下降。

人社部公布的 2014 年企业年金基金业务数据摘要显示，截至 2014 年底，企业年金基金累计规模达 7688.95 亿元，较 2013 年末的 6035 亿元增加了 1653.95 亿元，增幅达 27.41%。建立年金企业 7.3 万家，参加职工人数 2292.78 万人，一年仅新增了 7200 家企业、237 万名职工，为近 4 年来的最低值。可见，当年三部委发文推行的年金个人所得税递延纳税优惠政策效力并不明显。近年来全国企业年金基本情况见图 2.1。

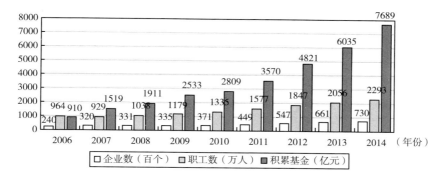

图 2.1　全国企业年金基本情况（2006~2014 年）

资料来源：人力资源和社会保障部网站。

（二）基金投资收益

实行了市场化的投资方式后，企业年金的收益情况并不稳定，2007~2014 年，当年加权平均收益率最高值出现在 2007 年，达到了41%，而 2008 年、2011 年收益率则出现了负值，但年平均收益率仍达到 7.87%，超过了年均通货膨胀率。近年来我国企业年金基金投资收益率见表 2.1。

表 2.1　　　我国企业年金基金投资收益率（2007~2014 年）

年份	2007	2008	2009	2010	2011	2012	2013	2014
加权平均收益率（%）	41	−1.83	7.78	3.41	−0.78	5.68	3.67	9.3

资料来源：人力资源和社会保障部网站。

我国企业年金基金投资收益与资本市场密切相关。2013 年我国企业年金基金投资的加权平均收益率为 3.67%，相对于 2012 年 5.68%的加权平均收益率，业绩下滑了 2.01%，整体收益情况不尽理想。其中最重要的原因之一是资本市场表现欠佳，如货币市场利率波动幅度加大，利率中枢上移明显，银行间市场债券指数有所下降，交易所市场指数上升，股票指数总体下行等。人社部公布的 2014 年企业年金基金业务数据摘要显示，截至 2014 年底，实际运作资产金额 7402.86 亿元，当年投资收益 581.31 亿元，当年加权平均收益率 9.3%。数据显示，投资收益中，固定收益类计划收益率 6.94%，含权益类计划收益率 9.88%。这说明 2014 年股市的上涨为企业年金投资贡献了不少收益。

（三）基金管理机构及市场集中度

劳动和社会保障部从 2005 年 5 月开始受理企业年金基金管理机构资格申请工作，2005 年 8 月 1 日劳动和社会保障部发布通告，公布了 37 家取得资格的第一批企业年金基金管理机构，其中法人受托机构 5 家，账户管理人 11 家，托管人 6 家，投资管理人 15 家。到 2013 年，企业年金基金管理机构达到 57 家，其中法人受托机构 11 家，账户管理人 15 家，托管人 10 家，投资管理人 21 家。

人社部公布的 2014 年企业年金基金业务数据摘要显示，截至 2014 年底，企业年金基金管理机构仍为 57 家，其中法人受托机构 10 家，账户管理人 17 家，托管人 10 家，投资管理人 20 家。

为分析企业年金的市场竞争/垄断程度，中国社会科学院编制了中国企业年金"市场集中度指数"（见表 2.2）。"市场集中度指数"具体反应的是企业年金基金各个子市场的竞争程度，取值区间为 0～1000，数值越大说明市场集中度越高；反之则越小。其中，如果集中度指数低于 100 则意味着市场竞争程度非常充分；如果集中度指数介于 100～300 则意味着市场竞争不够充分，但可以接受；如果集中度指数高于 300，则认为市场已经出现了垄断倾向或实质上的垄断。根据企业年金基金"市场集中度指数"，2013 年，受托人市场、账户管理人市场、托管人市场和投资管理人市场都继续保持较强的竞争格局。比较而言，投资管理人市场竞争最为充分，而其他三个市场集中度指数虽然相对较高，但鉴于目前中国企业年金规模非常有限，较高的集中度指数也是完全可以接受的。

表 2.2　　　我国企业年金市场集中度指数（2008～2013 年）

年份	2008	2009	2010	2011	2012	2013
受托人	201	176	162	165	174	175
账户管理人	280	270	270	259	243	231
托管人	234	209	216	220	218	222
投资管理人	92	86	82	80	78	76

资料来源：中国养老金发展报告 2014。

第五节　小　结

本章着重介绍了德国、美国和澳大利亚三个典型国家的企业年金发展模式，通过比较发现，三个国家的企业年金发展模式存在诸多共同点，概括起来主要包括：

一是企业年金成为养老保险体系"三支柱"中的重要组成部分。以上典型国家的养老保险体系采用的是"三支柱"模式，即政府以征收社会保障税的形式来为公共养老保障进行筹资，构成第一支柱，对符合条件的雇主出资设立的养老金计划实行税收优惠政策，构成第二支柱，并鼓励雇员购买个人储蓄性养老保险，构成第三支柱。尽管公共养老保障提供了维持退休人员的基本生活水平的收入来源，但雇主出资的企业年金计划在退休人员的收入来源中依然占据很大比重，是退休人员及其家人生活保障的不可缺少的一部分。

二是企业年金发展拥有优良的环境和政策支持。各国法令和有关规定、标准和政策，在税收、保险、投资等各个方面鼓励雇员和雇主积极设立企业年金计划，限制和惩罚损害企业年金计划或消极的、不道德的行为。在各国第二支柱企业年金的发展过程中，政府给予的税收优惠政策是关键之举，它调动了雇主和雇员为企业年金计划供款的积极性，税收优惠政策明显起到了"捕蝇纸效应"。此外，企业年金的发展还有一个非常重要的原因就是在于有一个健全和竞争充分的资本市场，同时企业年金计划本身也促进了资本市场的发展，可以说企业年金计划和资本市场二者确实是相得益彰。

三是企业年金制度相对完善，产品丰富。三个典型国家的企业年金计划都是一个相对庞大的、复杂的金融制度体系，每一种类型的年金形式都有它对抗经济风险、提供解决方案的独到之处，可以满足差异化的经济需求。而且，通过非常细微的管理规定可以确保企业年金计划的"专款专用"（如对企业年金领取的一系列规定）和发展金融体系（如企业年金的转移问题）。同时，这些企业年金计划的保障覆盖面也非常广泛（如对雇员本人的离职、伤残、退休、死亡等方面的规定，还涉及配偶的养老保险问题）。

而三个典型国家的企业年金计划在以下几方面也存在较大差异：

一是企业年金制度在养老保障体系中的地位不同。美国典型的企业年金制度401（K）计划在美国的影响已经远远超过其作为养老保险体系的一个组成部分和一种退休金支付进行资产积累的有效机制，美国民众将这种雇员自主向个人退休金账户供款、雇主为雇员退休账户提供匹配性供款、政府为雇员退休账户的资产积累提供税收优惠的做法和机制视为一种美国文化、美国精神。尽管美国社会保障制度提供了维持退休人员的最低生活水平的收入来源，但是大多数退休人员还是依赖其他收入来源保持退休前的生活水平；德国养老保险制度是一个由法定养老保险、企业补充养老保险和个人补充养老保险有机组成的"三支柱"体系。企业年金制度与公共部门补充养老保险制度一起共同构成德国养老保险的补充体系，在德国养老保障体系中居于辅助地位；自从20世纪80年代中期推出超级企业年金计划后，澳大利亚政府养老金及其福利金在老年人口的经济保障中由过去的主动地位逐渐变成主要地位。但是与企业年金比较起来，该制度的覆盖面依然较高，政府养老金及其福利金还是澳大利亚老年人口的主要收入来源，而且退休的年限越久，对政府养老金及其福利金越依赖。

二是企业年金的运行模式不同。截至目前，DB模式还是德国企业年金的主要模式，雇主仍然被禁止提供单一的DC模式，而是必须确保最低的企业年金支付待遇标准的 DC 模式；而在美国和澳大利亚分别占据主流的 401（K） 计划和自我管理基金均是典型的 DC 模式。此外，德国和美国企业年金计划完全基于雇主自愿的原则，雇主只是承担道义上的责任，其是否向劳动者提供年金计划并不受法律制约，而澳大利亚企业年金计划实行的是半强制性政策，即对澳大利亚合法雇主实现强制参加，并要求为雇员年金账户供款，而对于雇员，则不做强制参保要求，也就是说，不强制要求雇员缴费。同时，对于自雇者，政府也是采取自愿参加的政策。

另外，本章也介绍了我国企业年金的建制情况和发展现状，通过与以上三个典型国家的企业年金制度比较，明显可以看到，我国企业年金发展相对滞后，主要体现在：

一是起步晚，制度不完善。如果将 1991 国务院颁布《关于企业职工养老保险制度改革的决定》作为我国现代企业年金制度初步建立的标志，那么企业年金制度至今在我国也才经历短短 25 年，而企业年金制度在我国正式确立则在 2004 年劳动和社会保障部发布《企业年金试行办法》和《企业年金基金管理试行办法》以后，这 25 年又要打一个折扣。企业年金实施税收优惠制度甚至才短短 15 年，其间还长期处于不完整和不统一的状态，而在经历了漫长的从无到有、从地方性政策到全国统一政策的过程后，税收优惠幅度并没有发生较大变化，较美国、加拿大等国家 15% 以上的比例依然偏低。此外，企业年金制度整体设计并没有激发中小企业和非国有企业建立企业年金的积极性，反而成为国有大中型企业合理避税进而加剧分配不平等的工具，这实际上扩大了劳动者的待遇不公、拉大了社会分配差距。

二是规模小，发展速度趋缓。在主要发达国家，企业年金已成为一项普遍的制度安排，而我国则仍处于很低的水平（见表 2.3）。从企业年金规模占国内生产总值来看，瑞士、英国和加拿大三国均超过 100%，美国超过 80%，瑞典和澳大利亚超过 50%，而中国为 1.06%，仅超过波兰；从企业年金占总体养老金比例来看，法国超过 70%，挪威、加拿大超过 60%，葡萄牙、美国超过 50%，而中国为 8.02%，也仅高于波兰；从企业年金的覆盖率来看，美国超过 40%，加拿大、英

国超过 30%，同样以社会保障为主的德国企业年金覆盖率甚至达到
56.4%，中国仅为 5.38%，依然靠后。可以说，税收优惠并没有推动
企业年金在中国多层次社保体系中承担起第二支柱应有的作用。

表 2.3　　　企业年金主要指标的国际比较（2013 年或最近年份）

国家	占 GDP 比重	占总体养老金比率	覆盖率
澳大利亚	59.65	38.16	—
加拿大	106.22	61.15	33.50
法国	9.62	77.90	17.30
德国	—		56.40
意大利	5.57	—	7.60
日本	—		6.45
韩国	4.73	14.67	14.60
墨西哥	1.95	19.11	1.60
新西兰	9.98	34.99	8.20
挪威	12.94	67.59	—
波兰	0.17	1.50	1.30
葡萄牙	6.75	57.82	3.30
西班牙	6.21	35.26	3.30
瑞典	54.00	44.36	—
瑞士	168.70	—	—
土耳其	1.89		0.20
英国	108.79		30.00
美国	83.18	54.44	41.60
中国	1.06	8.02	5.38

注：占 GDP 比率是指企业年金规模占当年 GDP 的比率；占总体养老金比率是指企业年金规模占当年养老金总规模的比率；覆盖率指参加企业年金人数占工作年龄人口（中国为城镇就业人数）的比率。

资料来源：中国数据根据《人力资源与社会保障事业发展统计公报》和《国民经济与社会发展统计公报》计算而得；其他国家数据源自 OECD 数据库（http://stats.oecd.org/Index.aspx）和 OECD Pensions Outlook 2014。

　　在税收优惠政策激励下，我国企业年金以较快速度发展，但无论规模还是发展速度均远远低于市场预期，更在 2013 年增长速度连续两年大幅上升情况下首度下滑，理应引起注意和思考。

第三章

文献综述

　　围绕本书研究主题——企业年金决策的内在动力和外部条件，我们可将以往文献分为三类：一是在理论上梳理了国外有关企业年金对企业生产率的影响及其作用机制；二是关于企业年金与员工效率的关系；三是影响企业年金决策的外部因素，主要是税收优惠效应和其他激励机制的替代效应，此外，也整理了国内有关企业年金的研究成果。

第一节　国外文献

一、企业年金的"生产率效应"及其内在机制

（一）关于企业年金"生产率效应"的机制研究

　　根据已有相关研究，企业年金提高企业生产率的作用机制可整理为以下五个方面[①]：

　　第一，通过员工"自选择"机制甄别高素质员工。Ippolito（1995，1999，2002）认为虽然贴现率并不是衡量员工素质的唯一标准，但高

[①]　阳义南（2012）等对国外有关企业年金与生产率关系的理论及实证研究成果进行了较为系统的梳理，为本书的归纳框架提供了有益参考。

素质的显性特征和这一属性高度相关。具有低贴现率品质能够提高生产率，因为这类员工不太可能突然兴起请假误工，反而重视缺勤对他们可靠性声誉的长期影响。他们也不太可能错误操作机器设备，因为他们能够认识到成为一个"低成本"员工的长期收益。他们能够为获得更多升职机会而努力工作。简言之，低贴现率员工的自我激励能够节约企业的监督成本。而高贴现率员工会不同程度地受到短期收益的影响，因此企业或者花费大量资源鼓励他们像低贴现率员工一样行动，或者干脆接受这种短视行为的影响。在其他因素相同的情况下，提供企业年金的企业更容易吸引低贴现率的员工，因为低贴现率员工会赋予延期的年金计划以更高的价值，而高贴现率员工赋予较低的价值转而去寻找完全给付现金工资的工作。故而，企业通过建立企业年金可持续筛掉高贴现率员工，提升劳动力构成中高素质员工占比，进而提高企业生产率。

第二，通过延期支付、分期归转机制提高年轻员工被辞退的成本，使其达到最佳工作状态。企业年金分为个人缴费和企业匹配两部分：员工基于自愿原则将当期工资一定比例纳入企业年金个人账户，直至退休才能领取；企业基于员工的工龄、职务、职称等绩效指标按个人缴费的一定倍数进行匹配，但这部分金额一般也要分期归转到员工个人账户，且直至退休才能领取。这种延期支付、分期归转的机制降低了企业年金的可携带性，使员工在被辞退时不得不考虑这部分成本（Schiller et al.，1979；McCormick et al.，1984；Tan et al.，1989；Rabe，2007；Bloemen et al.，2012）。Lazear（1979、1981、1983、1986）构建的隐形终身契约模型表明，像企业年金这种向上倾斜的"年龄—收入"组合是一种有效率的补偿计划，能够通过权益积累的后置提高生产率。

第三，提高薪资结构中绩效部分占比，激励高管提升经营绩效。高管的收入可以视为一种人力资本组合，由一个固定的薪资收入部分和年金等可变的绩效收入部分组成。固定的薪资收入部分是他们提供人力资本服务所获取的报酬，而可变的绩效收入是对其经营绩效的激励。如果高管在公司加入企业年金，他们的收入就会随着经营绩效的改变而改变，即当经营绩效提高时，企业为其匹配的年金总额会相应增加（Agrawal et al.，1987；DeMarzo et al.，1995）。因此，企业年金可以有效激励高管提升其经营绩效，从而提高企业生产率。

第四，增加企业培训投入，提高人力资本投资回报。企业针对特殊岗位或专业技能的培训投入存在很大风险，在其收回成本之前员工可能已经离职，而员工也可以以离职来威胁雇主以获得培训的全部收益，这样将导致企业对培训的投入不足（Johnson，1996）。只有当就业关系长期维系时，企业才愿意进行相关人力资本投资，才有可能收回投资的成本甚至获利。企业年金不鼓励转移的条款暗示了改变工作将带来损失，使持有企业年金的员工倾向更长的工作任期，从而鼓励企业增加培训投入，提高企业生产率（Oi，1983；Dorsey，1989；Hutchens，1987；Macpherson，1994）。

第五，增加财务宽松，降低企业融资约束。企业加入年金计划可以从以下三个方面增加企业财务宽松。首先，由于企业边际所得税率递增，通过建立企业年金，企业不仅可以获得税收优惠，而且能够降低企业实际所得税率，获得一部分额外税收补贴（Black，1980；Tepper，1981；Feldstein et al.，1981；Harrison et al.，1983；Marcus，1987）；其次，企业的经营状况与是否建立企业年金的决策高度相关（Chen et al.，2013），年金计划的建立可以作为企业生产经营状况良好的信号，进而得到信贷机构较高的信用评价，并以更大的可能性获得融资；最后，企业年金采用市场化经营，企业建立年金计划的资金须委托金融机构管理和投资，企业可以通过企业年金业务与金融机构建立长期合作关系，而长期关系有助于企业获得关系型贷款[①]，降低其贷款利率，减少抵押和担保要求（Petersen et al.，1994；Berger et al.，1995；Cole，1998 等；曹敏等，2003；邓超等，2010）。

---

① 关系型贷款是指银行通过和借款企业长期多种渠道的接触，积累了关于企业真实的财务和经营状况、社会信誉和业主品行等大量的非公开信息，并主要依据这些信息而发放的贷款。详见 Berger 和 Udell（1995）和邓超等（2010）。

（二）关于企业年金与生产率关系的实证研究

以往文献主要从三个层面探讨企业年金与生产率的关系。

第一，从宏观层面，利用国别数据考察建立和改革企业年金是否能够促进宏观层面的全要素生产率。Holzmann（1997）发现智利企业年金改革和生产率间存在正向关系。用简单的索洛残差代表全要素生产率，他发现紧随年金改革的金融市场条件的改善能够显著正向影响全要素生产率。Schmidt‑Hebbel（1999）也得出智利的企业年金改革提高了个人投资、资本平均生产率和全要素生产率。Hu（2005）使用59个国家的数据实证检验了年金改革、年金资产同全要素生产率的关系。他表明年金改革同全要素生产率、投资和人均GDP间短期内负相关，长期正相关。这种非线性的关系反映了人们需要时间去适应年金机制的变化，而年金改革也可能会在初期产生不确定性。同时，年金资产同全要素生产率间存在很强的正相关，这是因为年金改革减弱了劳动力市场扭曲，增强了企业治理的参与度，因此提高了企业绩效和全要素生产率。Davis（2006）使用72个国家数据也发现年金对全要素生产率的正向作用，并能消除老龄化对产出的副作用，他建议采取更加基金化的年金改革以获取其带动对经济增长的收益。

第二，从企业微观层面，利用企业数据考察年金计划对企业生产率的作用。Allen等（1987）运用1972~1983年美国微观数据检验企业年金覆盖对生产率、生产率增长和利润率的影响，但总体并未得出稳健结论，仅发现在缺乏工会组织、新雇员占比小且年龄结构较轻的企业，企业年金能够显著提高生产率。Dorsey等（1998）运用1981~1992年美国361个制造业企业数据，将是否建立企业年金连同资本和劳动力加入柯布‑道格拉斯生产函数中，检验企业年金是否显著提高企业净销售额，并在固定效应和随机效应下均得出肯定结论。

第三，以员工收入作为员工生产率的代理变量，考察加入企业年金是否能提高员工生产率。其基本思想是：如果年金计划仅仅是一个享有税收优惠的退休储蓄工具而不具有提高生产率的效应，那么工资与企业年金之间应是完全的替代关系。反之，如果年金计划能提高生产率，那么它能带来更高的工资水平。Allen 等（1987）、Dorsey（1989）、Even 等（1990）、Montgomery 等（1992）和 Dorsey（1995）的研究结果均表明那些参加年金计划的行业（或企业、员工）的平均工资明显高于未参加的。Montgomery 等（1997）特别强调向员工提供慷慨的年金计划的主要原因在于这确实能够提高生产效率。

二、企业年金与员工效率

由于股权资源的稀缺性，股权激励的对象是有选择的（丁汉鹏，2001），大多只涉及企业经营者、高级技术专家和企业中层管理者以及工程技术人员等，而不针对更广大的企业普通员工。不过，对于提高企业生产效率而言，广大普通员工的主动性和积极性显然是极为重要的。对此，企业年金制度的特点就在于激励对象的范围广泛，可覆盖全部员工，由此而成为发达国家企业所普遍采用的一项激励制度。

理论上，年金计划通过两种机制提高员工效率：一是有效甄别高效率员工，本文称之为企业年金的"甄别效应"。二是能够激励员工提高生产率，本文称之为企业年金的"激励效应"。从理论上看，企业年金的这两种效应是有机结合的："甄别效应"起到了吸引高生产率劳动力成为企业员工的作用，是前置性的；"激励效应"起到了促进在职员工提高生产率的作用，是后置性的。

（一）企业年金的"甄别效应"

员工具有某种"不可观察的特征"，使有企业年金的工作倾向于吸引更喜欢稳定工作环境和退休保障的个人，相反，某些表现出低稳定性的个人很少注重养老保障也不在乎频繁更换工作，这类员工表现出对于年金激励效应的抵制，因而通过观察员工是否加入年金计划就可以把两类个体区分出来（Allen and Clark，1987）。本书称为企业年金的"甄别效应"。Ippolito（1995，1999，2002）创造性地将不可观察特征归结为个人主观贴现率差异，在企业希望雇佣到高效率员工而不关注员工任期长短的假设下建立了高效率员工"自选择"加入企业年金的甄别理论：时间偏好较低的员工常常具有高的生产率或者低的离职率，从而受到企业的欢迎。在信息不对称的情况下，企业可以通过一定的年金设置，实现不同时间偏好的员工自我选择。

企业年金的甄别效应很难进行实证研究而且关注较少，关键困难在于对"不可观察的特征"的衡量和解释。但为了更精确估计年金与员工效率的因果关系，实证研究已经尝试建立和修正员工企业年金决策模型，如建立联立方程模型使用可观察的员工特征解释年金计划覆盖（Allen 等，1993）、使用员工居住地企业年金提供率作为企业年金覆盖的工具变量论证甄别效应（Andrietti，2004）、通过建立多转化、多状态劳动力流动随机效应模型试图去量化不可观测的个人特征的作用从而证实员工效率和年金计划的正向关系（Mealli 和 Pudney，1996）以及利用自然实验和 differences – in – regression – discontinuities（DRD）方法进行定量研究（Goda 等，2013）。

（二）企业年金的"激励效应"

Lazear（1979，1981，1983，1986）通过构建潜在终身契约模型表明，一个向上倾斜的"年龄—收入"组合是一种有效的补偿计划，即权益积累的后置能够提高员工的生产率：年轻的员工得到的工资低于其边际产出，而年老的员工得到的工资高于其边际产出，这样可以提高年轻员工因偷懒而被解雇的成本，从而使其达到最佳工作状态。因此，企业年金制度可以在提高员工福利水平的同时，成为企业人力资源管理中提高员工生产效率的重要手段。随后的一些学者也得出类似结论（Harris 和 Holmstrom，1982；Carmichael，1983；Malcolmson，1984；Frank 和 Hutchens，1988；Kotlikoff 和 Gokhale，1992；Hutchens；1989）。

部分学者将员工收入作为员工效率的代理指标，通过检验企业年金与工资之间的关系论证企业年金的"激励效应"。其基本逻辑是：如果企业年金仅仅是一个享有税收优惠的养老储蓄工具而不具有提高生产率的作用，那么员工工资与企业年金之间为完全的替代关系；如果企业年金能提高生产率，那么它就能带来更高水平的工资收入。而大部分实证结果表明参加企业年金的员工的平均工资显著高于未参加的（Allen and Clark，1987；Dorsey，1989；Even and Macpherson，1990；Montgomery et al.，1992；Dorsey，1995）。以上研究表明企业之所以向员工提供慷慨的年金计划，主要在于企业年金确实能够提高生产效率（Montgomery and Shaw，1997）。

企业年金主要通过加大员工离职成本、延长员工任职时间和增加企业培训投入、提高人力资本投资回报等路径促进生产率增长。企业年金的制度设计，如延期支付和非完全可携带性，能够提高雇员转换工作时遭受的企业专用资本损失，从而对员工流动形成抑制作用（Schiller and Weiss，1979；McCormick and Hughes，1984；Tan and Seike，1989；Rabe，2007；Bloemen et al.；2012）；员工的任职时间变长，确保企业能收回培训成本、增加特殊培训的收益，因而提高了企业加大培训投入的积极性（Hutchens，1987；Dorsey，1987；Oi，1983；Macpherson，1994）。

三、影响企业年金决策的外在条件

企业年金决策也受到外在条件的制约。企业年金计划特殊的税收地位是激励企业向其员工提供年金的主要经济动机之一。此外，由于企业年金可以视为管理补贴，从而可以减少未来可能的债务融资风险，因此没有持有本公司股份的高管将产生建立企业年金的动机以维持财务宽松。企业年金决策可以增加单一的人力资本价值，以应对股东权益最大化对高管利益带来的损害。随着高管持股增加，高管与股东的利益更加一致，因而建立企业年金的动机将会降低。

因此，有关影响企业年金决策的外在条件综述将从税收优惠效应、与其他激励机制替代效应以及其他影响因素三个方面予以阐释。

（一）企业年金的税收优惠效应

企业年金计划特殊的税收地位是激励企业向其员工提供年金的主要经济动机之一。美国 1974 年雇员退休收入保障法案（Employee Retirement Income Security Act，ERISA）沿用了年金计划的税收优惠规定：（1）雇主以员工名义向企业年金缴纳部分作为员工收入免税直到作为年金支付时；（2）雇主向企业年金缴纳部分税前减免；（3）年金计划投资收入免税。这一特殊的税收政策不仅为雇主建立年金计划提供经济动机，而且构成了最优企业年金决策的基本决定因素（Bicksler 和 Chen，1985）。

Black（1980）验证了一个股东利益最大化的企业应该采用年金管理的角点策略来获取现行税法的税收优惠。他明确建议通过举债建立最大限度的年金基金并全部投资于企业债券，原因是企业年金投资组合中持有更多债券而不是股票能够增加公司的债务能力，进而通过增加企业杠杆获得额外的税收补贴。Tepper（1981）通过建立一个资本市场均衡模型对年金决策提出，基于 Miller（1977）均衡理论，在企业和个人所得税确定条件下，企业年金的筹资来源结构不是特别重要，但是，应建立最充分的企业年金以获得最大化的税收减免，并且全部投资于债券以获得税前企业利率。此外，Feldstein 和 Seligman（1981）、Harrison 和 Sharpe（1983）及 Marcus（1987）等也提出类似建议。相反，Sharpe（1976）却认为企业有将年金规模最小化的动机，这一动机与退休福利保证公司（pension benefit guaranty corporation，PBGC）提供的退休福利保险保障有关。以上两大动机分别代表了年金融资最大化和最小化两种极端解决方式，而 Bicksler 和 Chen（1985）则提出了一种更加一般化的企业年金融资理论。这一更为复杂的观点表明公司是否建立年金的决定从属于公司整体的经营决策。例如，除了融资政策的税收和保险两大动机，这些研究也表明企业效益会通过对精算假设的选择来影响年金决策。

（二）企业年金与其他激励机制替代效应

企业管理存在三大效率增长空间。第一类效率增长空间往往是由企业经营者或企业高级技术专家来解决的经营问题、战略问题或重大技术问题；第二类效率增长空间往往是由企业中层管理者和工程技术人员负责解决的一般管理问题或一般技术问题；第三类效率增长空间则大量存在于管理也鞭长莫及之处，需要调动每一位职工的主动性和积极性（张小宁，2002）。强调和重视激励在合作组织中作用的现代企业制度基本形成了比较完善的长效激励机制，以发现和利用效率增长空间，实现对人力资本的有效激励。

长效激励机制，是指通过薪酬结构优化或递延支付等手段，提高员工工作效率、培养员工对企业忠诚度、鼓励员工为企业实现战略目标提供长期服务。企业典型的长效激励机制主要分为股权激励（包括高管股票期权、员工持股计划等）和企业年金两类。股权激励为当期分配机制，企业年金则属于延期分配机制，二者在投资收益风险、激励对象范围、作用时效等方面差异显著，两者决策似乎不存在内在制衡。而事实上，高管作为共同的激励对象，股权激励和企业年金都会影响其人力资本组合（李军和胡愈，2007），高管行为也会随之调整，进而做出有利于自身利益最大化的企业决策。

近年来，公司的股权结构及其对高管激励的影响引起众多学者的关注。例如，Agrawal 和 Mandelker（1987）认为当高管股权持有变大时，其投资决策会增加公司风险。Saunders 等（1990）表明持续增加股权持有也将推进高管高风险行为的倾向。Papaioannou 等（1992）检验了股权结构对公司偿债能力政策的影响。

财富组合中的大部分构成为人力资本投资，高管很少有动机去增加股权风险。这是因为假定其他因素不变，股权回报波动性的增大会增加薪金的不确定性，并减少他们的人力资本价值。与此相对应的是破产可能性的增加，进而降低高管的人力资本和声誉（Gilson，1989；Gilson and Vetsuypens，1992）。因此，我们提出，公司的非持股高管会建立企业年金，并将违约风险最小化。相反，如果公司具有风险性债务，高管所持公司股份会随着股权回报波动的增大而增值（Black and Scholes，1973）。这预示着高管持有的股份会增加其采取高风险决策的动机，进而建立较少的年金计划。我们认为高管持有股权与相随的风险行为会影响企业年金决策。

本书所采取的研究框架与 Agrawal 和 Mandelker（1987）在分析高管融资和投资决策时所采用的类似。高管与公司相关的财富可以分为：第一，高管收到一份薪资收入作为凭借他们的人力资本提供服务所获取的报酬；第二，如果高管在公司持有股权，他们的财富就会随着公司股票价值的改变而改变。因此，高管的财富可视为一种资产组合，由人力资本和公司股权组成。如果高管没持有公司股权，人力资本将成为资产组合中的支配资产。

上述与高管财富相关的诱因能够影响公司企业年金决策。如果没有公司股权，高管将具有维持高水平年金的动机。如果未来出现投资机会，这些高管不愿意去使用额外债务融资，因为假定其他因素不变，这会增加公司现金流风险以及他们薪资收入的不确定性，进而减少他们人力资本价值。这一观点并不意味着高年金会是债务融资的。相反，高管不愿意去使用额外债务用于未来投资机会（也就是更愿意使用年金宽松），因为这会增加他们人力资本的风险。

另一方面，当高管持有公司股份时，他们的财富构成就不仅和他们的人力资本相关。他们的利益和财富将更加与股东趋同。因此，随着高管持有股权的增长，高管更能够承受任何补贴消费的成本，他们在某种程度上与增加股东财富表现得更加一致（Jensen and Meckling，1976）。因此，我们提出当高管拥有足够多的股权时使用高水平年金来减少人力资本风险的动机将被增加股东财富的管理行为所取代。

综上所述，相关文献综述已经清楚地表明持有本公司股权的高管不太可能会采取建立高水平企业年金作为降低人力资本风险的措施。相反，没持有本公司股权的高管更有可能会采取高水平年金作为提升人力资本安全性的机制。

可是，高管股权与年金财务宽松的关系会被管理监管的内外部机制所削弱。外部监管机制包括资本市场、公司控制权市场（Jensen，1986）和机构投资人，而内部监管主要由董事会和高管薪资结构执行。当市场觉察到高水平企业年金财务宽松的维持是受高管个人利益驱动而不是旨在最大化股东财富的公司决策，市场力量，如接管者或者机构投资人，会阻止高管采用高水平年金作为降低风险措施。类似的还有董事会对高级管理实施的措施。

一些已有文献表明在一般情况下，公司重组经常会导致高水平年金的终结（Mitchell and Mulherin，1989；Moore and Pruitt，1990）。如果公司重组要求纠正过往经营的无效率，而这种无效率源于公司对于高管过低的股权激励，那么重组之后低股权激励的管理层就不能使用年金计划作为降低人力资本价值的市场风险的举措。在这种情况下，高管股权和年金宽松预期不相关。

（三）其他影响因素

此后学者提出企业年金决策更一般的影响因素。这些更加宽泛的观点表明企业年金决策并不是独立于企业整个管理之外的，如与薪酬管理相关（DeMarzo and Duffie，1995）。还有一些文献关注于企业规模对于年金计划决策的影响，因为较大的企业能够更加有效地分散风险（Jensen et al.，1995；Gabel and Jensen，1989；Ghilarducci and Terry，1999）。Smith 和 Stulz（1985）侧重企业价值凸性对年金计划的影响，而 Froot 等（1993）进一步指出凹的投资机会和高昂的外部融资预示着企业价值的凸性，建立年金会限制企业的投资机会并且迫使企业从昂贵的外部融资环境中借债：当计划不存在机会成本时，企业会选择最大程度建立计划；当计划存在正的递增的机会成本时，企业会逐渐降低计划规模。此外，一些学者研究 DB 计划中的过度融资（overfunded pension liabilities）现象。Bodie 等（1985）提出，企业会通过建立过度融资来获得额外流动性和融资宽松性。Myers 和 Majluf（1984）表明管理者倾向于融资宽松性来应对不恰当时机出现的投资机会。为克服外部融资环境的影响，他们会通过建立年金计划等确保融资宽松性。

在实证分析方面，Francis 和 Reiter（1987）通过对美国 255 家企业建立横截面计量模型得出影响企业年金决策的主要因素包括：财务动机（税率、资本可及性）带来高水平计划；劳动力动机（雇员福利、工会计划）带来低水平计划；而政策成本（企业规模）带来高水平计划，借债合同成本（产权比率）带来低水平计划，并指出企业年金决策因涉及各个动机的权衡而略显复杂，这些动机的互动和权衡的特点仍有待进一步研究。Horiba 和 Yoshida（2002）针对日本企业年金计划的特殊背景，利用 1980～1990 年 529 家企业的财务数据建立计量模型证实五大因素对企业年金决策的影响：税收效应（资产收益率）、企业规模效应（员工人数）、同产业传染效应（同产业建立企业年金企业数占比）与年金规模正相关，而工会效应和市场预期效应（企业市值与净资产之比）与年金规模负相关。Hernæs 等（2006）运用 2003 年挪威近 900 家私营企业的数据以及 1992～2002 年的个人数据对企业年金的财务动机和生产效率动机进行实证分析，结果表明企业税收收益与建立企业年金相关，而企业规模、个人的薪资谈判能力与培训时间、工会化水平均正向影响企业年金，在职两年以上的员工也更有可能获得企业年金。Chen 等（2013）运用 1991～2010 年美国企业数据建立 GMM 计量模型进行实证分析，验证了不同破产风险水平企业在 DB 型企业年金决策中道德风险和税收优惠两大动机发挥不同作用：破产风险较高的企业具有更高的道德风险动机，而破产风险较低的企业具有更高的税收优惠动机。两大动机在金融危机后都有所增强。此外，营业利润、资金流动性、企业规模与企业年金正相关，而托宾 Q 系数与企业年金负相关。

第二节　国内文献

国内目前对企业年金投保的研究还很有限，实证分析多集中在以下几个方面：

1. 对企业年金采用税收优惠政策的经济学分析。柯法业和张永强（2008）从国家、企业和个人三个方面论证企业年金的税收优惠制度对企业年金的各参与主体都是有利的。有必要在借鉴国际经验的基础上，充分考虑我国国情，尽快制定出适合我国企业年金市场发展的税惠政策。魏凤春和于红鑫（2007）在一个两期政府消费模型中，讨论了税收政策对企业年金计划的影响。政府的减税政策取决于初始的财政状况、偏好、对年金的控制权以及法定养老金的缴存率等。税收政策的有效性取决于企业年金计划的激励效果，当前的税收政策是不同级别政府、公平与效率、长期与短期博弈的结果。一系列的税收政策将会使年金计划的实施能够促进生产率的提高，并使政府的公平与效率目标得以耦合。并没有考虑企业年金计划的建立引起的当期消费的下降对政府财政收入的影响，也没有考虑计划对个人财富以及税收的影响。杜建华（2009）从税收优惠政策与企业年金制度变迁、企业年金需求弹性、企业年金的收入替代效应等理论分析基础上，得出建立企业年金制度的关键是取得计划参与人的认同，具有激励效应的税收优惠政策的出台就成为这一制度能否顺利实施的关键。

2. 国际经验、国内实践的介绍。柯法业和张永强（2008）介绍了英、德、日、美、加、澳六国企业年金计划税收法规、以及截至2006年6月26个省市出台的与企业年金相关的税收政策，得出没有形成全面、统一的企业年金税收优惠政策，另外，与国际水平相比税收优惠幅度偏低。杜建华（2009）、刘云龙等（2002）侧重介绍了美国私有退休金制度的变迁过程以及税收优惠政策激励企业年金发展的情况。李亚军（2010）着重介绍了澳大利亚超级年金经验对中国的启示。郑秉文（2010）详细介绍了我国企业年金税收政策历史沿革和2003年OECD成员国企业年金税优模式及其特征，并从企业年金计划参与率、企业年金资产比重、企业年金替代率、企业年金资产占资本市场的比重等测度指标进行中外比较，表明中国企业年金的现状均与很多国家存在巨大差距，税优政策不统一和不完整是导致企业年金发展严重滞后的主要原因之一。

3. 利用精算技术和模拟方法预测我国企业年金发展规模和税收优惠成本。刘云龙等（2002）以2001年为例，假设对缴费阶段的企业所得税和个人所得税都免征，且在无免税上限和有工资总额4%的免税上限两种情况下，对整个财政收入和税收收入的影响非常小（均只占1%），且与非税惠政策的经济成本（在非税惠政策条件下，由于存在提前退保、私分养老金等做法，国家同样承担较大经济损失）相差不大，而税惠政策对企业年金发展规模的激励作用明显。通过计算得出免征企业所得税导致税收减少额为企业年金保险保费增加额的24.2%，进一步免缴个人所得税则减少额达到企业年金保险保费增加额的34.2%，因此，养老金缴费阶段的税收优惠对于促进企业年金发展是一个成本较低的政策，能有效克服"保险发展压制"和"企业年金发展压制"的局面。张勇和王美今（2004）从不确定性出发，构建了企业年金税式支出的精算统计模型，并综合了企业年金的"跨期"特性和基准税收的选择，进而计算出我国企业年金的税式支出规模。研究表明，要使替代率水平达到20%的改革目标，税收优惠比例应提高到9%。陈秉正和郑婉仪（2004）预测了以企业年金基金为基础的城镇职工养老基金在不同假设下可能的发展规模，得出影响企业年金发展的关键因素为企业年金对职工覆盖面的增长速度和企业年金基金的投资收益率，指出企业年金在提供职工养老保障方面更有效以及在促进资本市场发展方面的重要意义。朱铭来和陈佳（2007）着重测算两种最主流的税收优惠模式下的企业年金积累和税式支出状况，计算得出，两种模式下企业年金每积累1元，国家需要分别付出大概0.225元和0.127元的成本。企业年金作为基本养老保险很好的替代品，其税收优惠政策的给予和实施确实能够有效地缓解国家在基本养老保险方面的财政压力。

第三节 小 结

目前尚没有研究对于企业年金计划与中国企业生产率之间的关系问题进行系统的实证考察。同时，虽然前述国外的相关实证研究表明了企业年金对于生产率的积极影响，但尤其在微观企业层面上，缺乏进一步对这种积极作用的形成机制做系统的检验，对于中国企业而言，企业年金是否通过这些机制发挥作用自然也尚未得到考察。再有，企业年金虽被视为是一种"长效激励"制度，但在连续为员工建立企业年金和不连续乃至仅单一年度建立企业年金的不同情况之间，企业年金对企业生产率的积极作用有何不同表现等问题未受到关注。

而关于企业年金和员工效率的关系方面，尽管理论研究的结论较为统一，国际实践也较为成熟，但这一领域的实证研究尚不能令人满意。首先，以往文献并没有对"甄别效应"进行专门的实证研究。在对员工是否加入企业年金以及企业是否提供年金计划的年金决策模型进行实证考察时，尽管既有研究考虑了工作时间、任期、受教育水平等诸多因素（Mitchell，1983；Goda et al.，2013），但都没有将员工的工作效率及效用体现率等纳入考察因素之中，因而无法为企业年金是否具有甄别高效率员工的"甄别效应"，以及"甄别效应"的作用机制是否是基于员工在效用贴现率差异下的自选择等问题提供佐证。其次，有关企业年金与生产率关系的实证研究较为丰富，不过，尽管此类研究主要针对的是企业年金的"激励效应"，但从本文提出的"甄别效应"和"激励效应"双重机制角度来看，企业年金与员工生产率之间存在双向因果关系，因此既有研究就"激励效应"的实证分析由于未以上述双重机制为基础框架而存在理论缺陷，并且因为这一缺陷导致其实证方案中对其中的内生性问题未加考虑和处理，存在同时性选择偏差，从而影响了其对"激励效应"的确切估计。

此外，从文献中可以看出，国外长效激励的实践比较成熟，研究内容和方法多样。相比之下，我国长效激励实践仍处于起步和调试阶段，而研究内容分散在高管股权和企业年金两个领域。大量学者关注高管股权的激励效应，如苏冬蔚和林大庞（2010）等，而其中仅有王华和黄之骏（2006）与黄桂田和张悦（2008）具体讨论了股权机制的内生性问题，但并未考虑企业年金的影响。限于企业年金发展相对滞后的现状以及相关数据的统计缺失，我国在该领域的研究仍主要停留在理论和政策讨论层面，而鲜有学者深入地从微观层次系统深入地探讨企业年金决策的内在动力和外在条件。但也不乏对本文研究具有指导性意义的研究，如郑秉文（2010）对我国企业年金制度发展和功能的全面介绍、常莉和鹿峰（2010）对企业年金"生产率效率"的模型推导、阳义南（2012）对企业年金计划与劳动生产率关系的理论和实证研究成果的系统梳理以及朱铭来等（2015）对我国微观层面企业年金决策的初步探索。

第四章

企业年金与生产率

　　企业年金是否有利于中国企业生产率的提高仍有待确认。同时，尤其在微观企业层面上，企业年金"生产率效应"的作用机制始终未能得到系统的考察，原因首先在于对此的理论研究零散而不系统，其次是需要有效的企业样本和多方面的企业数据。另外，一个值得关注的特征是企业年金被视为是一种"长效激励"制度，这意味着其对企业生产率的积极影响也是长期持续的。不过，在上文梳理的各作用机制中，一个共同的隐含假定是企业连续为在职员工建立企业年金。然而，如果企业建立年金计划是不连续的乃至仅是单一年度的，这是否对企业年金"生产率效应"的长期持续性有所影响？换言之，在连续和不连续地建立企业年金这两种情况之间，企业年金的"生产率效应"有何不同？这对于合理建立企业年金，以便有效地发挥企业年金的"生产率效应"而言，有现实的指导意义。

　　鉴于此，本书的工作也即贡献是以中国企业作为政策实验样本，检验企业年金是否具有"生产率效应"及其产生机制，以及结合相关机制考察这一效应的持续性。本书利用 2010 ~ 2013 年上市企业年报数据，从中筛查出建立企业年金的企业样本，并利用数据匹配方法为其挑选了可供比较的对照企业样本进行实证分析。结果表明，企业年金能够显著提升中国企业的生产率，具有"生产率效应"，这一效应通过提高员工素质、增加培训投入和有利企业财务宽松等机制实现，但没有表现出通过提升高管经营绩效而发挥作用。同时，单一年度的企业年金计划可持续影响此后的企业生产率，具有"滞后效应"，但会逐渐减弱，减弱的原因在于对于单一年度的企业年金而言，其各项作用机制是有时效性的。但是，如果多年连续提供年金计划，则在当期年金计划的影响和前期年金计划的"滞后效应"的影响下，企业生产率的提高幅度不断加大，形成"叠加效应"，这意味着连续地提供企业年金计划是充分利用其"生产率效应"的关键。

第一节　模型、变量和数据说明

一、关于企业年金的"生产率效应"

（一）企业年金"生产率效应"的基本检验

首先，本文构建如下基本模型以检验企业年金的"生产率效应"：

$$TFP_{ijkt} = \beta \times pension_{ijkt} + \sum \theta_n \times X_{ijkt}^n + industry_{ij}$$
$$+ province_{ik} + year_{it} + \xi_{ijkt} \qquad (4.1)$$

这里，i、j、k、t 分别表示企业个体、企业所属行业、企业所在地区和时间；被解释变量 TFP 为企业的全要素生产率；解释变量 $pension$ 为企业是否建立企业年金虚拟变量，如果建立企业年金为 1，否则为 0。$pension$ 的系数 β 是这里的关注核心，该系数显著大于 0，意味着企业年金具有促进中国企业生产率提高的"生产率效应"。

关于其他影响企业生产率的控制变量组 X^n。对于中国企业生产率影响因素的既有研究主要关注了以下几个方面：第一，市场化及制度和政策环境方面，如市场化改革（张杰等，2011）、贸易自由化（余淼杰，2010；张艳等，2013）、融资约束和政府补贴（邵敏等，2012；任曙明等，2014）、产权保护及环境规制（余林徽等，2013；王杰等，2014）等因素；第二，企业特征方面，如企业规模（孙晓华等，2014；高凌云等，2014）、进入退出和存续时间以及经验的累积（周黎安等，

2007；毛其淋等，2013、熊瑞祥等，2015）、所有制差异和股份制改造

2007；毛其淋等，2013、熊瑞祥等，2015）、所有制差异和股份制改造（刘小玄，1995；孔翔，1999；胡一帆等，2006；谢千里等，2008）等因素；第三，企业行为方面，如技术研发和技术引进（涂正革等，2005；朱平芳等，2006；刘小玄等，2009；程惠芳等，2014）、国际贸易行为（张杰等，2009；范剑勇等，2013；钱学锋等，2014；简泽等，2014；刘晴等，2014）、外商直接投资和对外直接投资（刘巳洋等，2008；王争等，2008；罗雨泽等，2008；蒋冠宏等，2013）等因素。

据此，控制变量组 X^n 中包括了企业资本密度、企业规模、研发投入、成立时间、外商直接投资以及企业所有制性质等[①]。其中，企业资本密度用企业固定资本存量与员工总数之比表示；企业规模用企业员工总数表示；研发投入根据企业研发投入情况确定，如果有研发投入则为1，否则为0；成立时间用本年份（2015）与企业成立时年份之差表示；外商直接投资根据企业获得外商直接投资情况确定，如果有外商直接投资则为1，否则为0；企业所有制性质根据企业控股资本性质确定，如果是国有资本控股则为1，否则为0。

$industry_j$、$province_k$ 和 $year_t$ 分别表示行业、地区和时间固定效应，以控制不可观察因素在行业、地区和时间上对企业生产率的影响。ξ 为模型误差项，在这里假设 $E(\xi)=0$。

（二）企业年金"生产率效应"的机制检验

通过中介效应模型，考察企业年金"生产率效应"的作用机制。如前所述，本书梳理了企业年金"生产率效应"产生机制的五个方面：一是通过员工"自选择"机制甄别出高素质员工，提升劳动力构成中高素质员工占比；二是通过延期支付、分期归转机制提高员工离职成本，抑制员工流动的同时保持员工的高效状态；三是增加企业培训投入；四是激励高管，提升经营绩效；五是获得财务宽松，降低融资约

---

① 控制变量中没有考虑融资约束是因为本书所列企业年金对企业生产率的作用机制中便有包括有利于企业获取融资在内的财务宽松一项，因此在这里考虑该因素将会与其中的企业年金变量间存在内生性问题，该因素在后文的中介效应模型中被加以考虑。

束。对此，参照 Baron 等（1986）的方法，建立如下中介效应模型：

$$TFP_{ijkt} = a_0 + a_1 \times pension_{ijkt} + \varepsilon_{1ijkt} \tag{4.2}$$

$$education_{ijkt} = b_0 + b_1 \times pension_{ijkt} + \varepsilon_{2ijkt} \tag{4.3}$$

$$turnover_{ijkt} = c_0 + c_1 \times pension_{ijkt} + \varepsilon_{3ijkt} \tag{4.4}$$

$$train_{ijkt} = d_0 + d_1 \times pension_{ijkt} + \varepsilon_{4ijkt} \tag{4.5}$$

$$performance_{ijkt} = e_0 + e_1 \times pension_{ijkt} + \varepsilon_{5ijkt} \tag{4.6}$$

$$finance_{ijkt} = f_0 + f_1 \times pension_{ijkt} + \varepsilon_{6ijkt} \tag{4.7}$$

$$TFP_{ijkt} = g_0 + g_1 \times pension_{ijkt} + g_2 \times education_{ijkt} + g_3 \times turnover_{ijkt} + f_4$$
$$\times train_{ijkt} + g_5 \times performance_{ijkt} + g_6 \times finance_{ijkt} + \varepsilon_{7ijkt} \tag{4.8}$$

这里，中介变量 *education* 为企业员工素质结构，以企业大专学历以上员工数与企业员工总数之比表示；*turnover* 为企业员工流动，以员工流动数与员工总数之比表示；*performance* 为高管绩效，以企业利润总额与营业收入之比表示；*train* 为企业培训投入，以企业培训经费与企业员工总数之比表示；*finance* 为财务宽松，以企业利息支出与固定资本存量之比表示。

其中，式（4.2）为企业年金对 *TFP* 的总效应，$a_1 > 0$ 则表示企业年金能够提升生产率；式（4.3）为企业年金对员工素质结构的影响，$b_1 > 0$ 则表示企业年金能够提升员工总体素质水平；式（4.4）为企业年金对员工流动的影响，$c_1 < 0$ 则表示企业年金能够抑制员工流动；式（4.5）为企业年金对培训投入的影响，$d_1 > 0$ 则表示企业年金能够增加企业培训投入；式（4.6）为企业年金对高管绩效的影响，$e_1 > 0$，则表示企业年金能够提升高管经营绩效；式（4.7）为企业年金对财务宽松的影响效应，$f_1 > 0$，则表示企业年金能够增加财务宽松；式（4.8）中 g_1 衡量的是企业年金对生产率的直接影响。

将式（4.2）～（4.7）带入式（4.8），整理得：

$$TFP_{ijkt} = (g_0 + g_2 b_0 + g_3 c_0 + g_4 d_0 + g_5 e_0 + g_6 f_0) + (g_1 + g_2 b_1 + g_3 c_1$$
$$+ g_4 d_1 + g_5 e_1 + g_6 f_1) \times pension_{ijkt} + \varepsilon_{8ijkt} \tag{4.9}$$

其中，g_1 衡量的是企业年金对生产率的直接效应，$g_2 b_1$ 衡量企业年金通过提升员工总体素质水平促进生产率增长的中介效应，g_3c_1 衡量企业年金通过抑制员工流动促进生产率增长的中介效应，g_4d_1 衡量企业年金通过增加企业培训投入促进生产率增长的中介效应，g_5e_1 衡量企业年金通过提升高管经营绩效促进生产率增长的中介效应，g_6f_1 衡量企业年金通过增加财务宽松促进生产率增长的中介效应。$\varepsilon_1 \sim \varepsilon_8$ 为随机扰动项，且服从均值为零、方差有限的正态分布。此外，为表达方便而未予列出，但上述各方程中均包含行业、地区和时间的固定效应。

不过，由于企业上市年报中并未包含员工流动性的信息且无法找到可替代指标，因此未检验抑制员工流动机制，也就是实证模型中没有式（4.4）以及式（4.8）和式（4.9）中的 g_3、c_1 和 g_3c_1。

（三）企业年金"生产率效应"的长期持续性检验

企业年金既然作为一种"长效激励"机制，其"生产率效应"显然不应仅局限于建立当年，而是长期持续的。这将表现在两个方面：一是前期建立的企业年金对此后若干年的企业生产率仍具有积极作用，我们称之为"滞后效应"，也可称为时效性；二是连续地提供企业年金计划，则在当期年金计划的影响和前期年金计划的"滞后效应"的影响下，企业生产率将不断进一步地提高，称为"叠加效应"。

为检验企业年金是否具有"滞后效应"，在式（4.1）的基础上建立如下滞后期模型：

$$TFP_{ijkt} = \beta \times pension_{ijk(t-s)} + \sum \theta_n \times X_{ijkt}^n + industry_{ij}$$
$$+ province_{ik} + year_{it} + \xi_{ijkt} \tag{4.10}$$

这里，$s(s=1,2,\cdots,t)$ 表示滞后期数。

另外，将连续建立企业年金计划的企业样本作为处理组，将从未建立企业年金的企业样本作为对照组，通过考察其平均处理效应（ATT）以检验连续建立企业年金是否对生产率产生"叠加效应"：

$$ATT = \frac{1}{N} \sum_{i:pension_i=1} \left(TFP_{it}^1 - \sum_{j \in C(i)} \gamma_{ij} TFP_{jt}^0 \right) \tag{4.11}$$

这里，TFP_{it}^1 和 TFP_{jt}^0 表示处理组企业 i 和与之匹配的对照组企业 j 的生产率；$C(i)$ 表示与处理组企业 i 匹配的对照组企业集合；γ_{ij} 表示对照组企业 j 在与处理组企业 i 的匹配中所占权重；N 为匹配成功的企业总对数。

在此，如果特征变量较多或样本量不够大，则不容易找到良好的匹配，比如尽管企业 i 与企业 j 的马氏距离相比其他企业是最近的，但绝对距离可能依然很远。为此，可使用"倾向得分"（propensity score）作为度量距离进行匹配（Rosenbaum 等，1983）[①]。我们利用企业建立年金的前一年的特征变量通过 Probit 模型估计企业是否建立企业年金，进而计算企业建立年金计划的概率，也就是倾向得分，即：

$$pscore(X_{i(t-1)}^n) = Probit(pension_{it} = 1 \mid X_{(t-1)}^n = X_{i(t-1)}^n) \quad (4.12)$$

其中，$X_{(t-1)}^n$ 为企业建立年金计划的前一年影响企业是否建立企业年金的特征变量。综合以往有关企业年金决策影响因素的研究成果（Francis 等，1987；Horiba 等，2002；Hernæs 等，2006；Chen 等，2013），这些变量主要包括：全要素生产率、资本密度、企业规模、所得税率、股权激励、研发投入、成立时间、所有制性质、行业差异和地区差异等。其中，所得税率用利润总额与营业收入金额之比表示，股权激励用高管持股数与企业总股本之比表示，其他变量设定与前文一致。需要说明的是，在计算不同年度、不同样本的企业倾向得分时，并未拘泥于加入以上全部特征变量，而遵循以下两个原则进行变量增删以取得最佳匹配效果：一是加入该变量使匹配后特征变量的标准化偏差均小于 10%，二是加入该变量后使全要素生产率的标准化偏差进一步降低[②]。

[①] 本书将匹配范围限定于与对照组企业的倾向得分在共同取值范围内的处理组企业，以使影响两组企业建立年金的特征尽可能接近。

[②] 标准化偏差是衡量匹配前后企业间差异的统计量，匹配后标准偏差的绝对值越小，匹配效果越好。标准化偏差的计算公式为：$sd = \dfrac{|\bar{X}_i - \bar{X}_j|}{\sqrt{(s_i^2 + s_j^2)/2}}$，$\bar{X}_i$ 和 $\bar{X}_j$ 分别为处理组与控制组特征变量 X_{t-1} 的样本均值，s_i^2 和 s_j^2 为对应样本方差。

二、关于企业全要素生产率的估计

获取全要素生产率（TFP）可首先估计式（4.13）的生产函数，再通过对式（4.14）的计算得到 TFP 的估计值：

$$y_{it} = \alpha \, l_{it} + \beta \, k_{it} + u_{it} \qquad\qquad (4.13)$$

$$\widehat{TFP}_{it} = y_{it} - \hat{\alpha} \, l_{it} - \hat{\beta} k_{it} \qquad\qquad (4.14)$$

这里，y_{it}、l_{it} 和 k_{it} 分别为企业产出、劳动力投入和资本存量的对数形式；u_{it} 为残差项。

但 OLS 方法将产生不可避免的同时性偏差[①]（simultaneity bias）引起的内生性问题和样本选择偏差[②]（selectivity and attrition bias）引起的偏差问题。在估计方法修正上，Olley-Pakes 法（OP 法）用企业当期投资作为不可观测生产率冲击的代理变量，Levinsohn – Petrin 方法（LP 法）以中间投入作为工具变量，都较好地解决了同时性偏差问题。而在样本选择偏差上，仅 OP 法提出了相应的解决方案。但是，如果针对上市企业的全要素生成率计算，由于极少发生企业退出市场的情形，也就不会出现严重的样本选择偏差问题造成估计偏误。此外，LP 法能够较好地解决数据丢失问题。因此，将主要采用 LP 法计算企业全要素生产率 TFP。而鉴于 LP 法会显著降低劳动投入弹性，从而会扩大全要素生产率的绝对值（鲁晓东和连玉君，2012），本文也采用 OP 法计算的企业全要素生产率 TFP 结果作为对主要结论的稳健性检验。

[①] 在实际生产过程中，企业的效率有一部分在当期是可以被观测到的，依据最大化生产原则，企业决策者根据这些信息即时调整生产要素的投入组合。在这种情况下，如果误差项代表 TFP 的话，那么其中一部分（被观测部分）会影响到要素投入的选择，即残差项和回归项是相关的，这就会使 OLS 的估计结果产生偏误。详见鲁晓东和连玉君（2012）。

[②] 一般来说，如果一个企业的资本存量较大，那么在面对低效率冲击时，其留在该市场的概率要远远高于那些具有较低资本存量的企业，因为这种规模较大的企业往往对未来的收益抱有更高的预期，从而不会轻易退出目前的市场。这就使在面对低效率冲击时退出市场的概率和企业资本存量存在负相关关系，从而使资本项的估计系数容易出现低估偏误。详见鲁晓东和连玉君（2012）。

在 *TFP* 计算中，产出变量为企业增加值，劳动力投入变量为企业员工总数，资本存量变量为企业固定资产存量，LP 法中的工具变量为企业中间投入，OP 法中的代理变量为企业固定资产投入，退出变量根据企业的经营状况生成。另外，企业增加值、中间投入使用产品出厂价格指数平减，企业固定资产存量和固定资产投入使用固定资产投资价格指数平减。估计中所有变量均采用对数形式。LP 法计算过程详见 Levinsohn 和 Petrin（2003）或蒋冠宏等（2014），OP 法计算过程见 Olley 和 Pakes（1996）或鲁晓东和连玉君（2012）。

三、数据说明及样本选择

（一）数据说明

本书企业数据均来自上海证券交易所上市企业年报。我国自 2009 年实行统一的企业年金税收优惠政策，而企业年金累积规模自 2010 年才开始真正连续快速增长，因此选用 2010 ~ 2013 年的数据进行实证分析。

由于上市企业对是否建立企业年金的汇报并无统一规范，因此本文首先需要筛查出企业是否建立企业年金。本书的判定方法有三个：在当年年报的应付职工薪酬备注中明确说明是否为员工建立了企业年金的，则以此为标准判定企业是否建立企业年金，未明确说明的设定为空缺值；在当年年报的应付职工薪酬明细账目中列明"年金缴费""企业年金"或"补充养老保险"账目，且"本期增加额"大于 0 的，判定为建立企业年金；在当年年报的应付职工薪酬明细账目中列明了所有保障类账目明细，而不存在上述企业年金账目，也不存在类似"其他"的模糊账目，即判定企业当年并未建立企业年金，如存在类似"其他"的模糊账目且没有说明包含项目的，设定为空缺值。

关于计算企业全要素生产率所需指标，具体计算公式为：总产值 = 营业收入 + 库存 − 上期库存；增加值 = 固定资产折旧 + 税费支出 + 职工薪酬 + 营业利润；中间投入 = 总产值 − 增加值；固定资产存量 = 固定

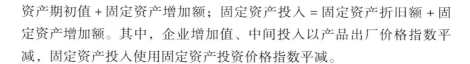

资产期初值＋固定资产增加额；固定资产投入＝固定资产折旧额＋固定资产增加额。其中，企业增加值、中间投入以产品出厂价格指数平减，固定资产投入使用固定资产投资价格指数平减。

（二）样本选择

首先，删除遗漏重要财务指标（如企业固定资产）以及企业规模较小（即员工总数小于10）的样本。

其次，企业是否建立企业年金具有"自选择效应"，高生产率的企业更倾向建立企业年金，而建立企业年金的企业在建立企业年金之前就可能比未建立的企业生产率高。如果我们直接将建立年金计划企业和未建立年金计划企业的生产率进行比较，即使发现前者比后者高，也无法区分这一差异有多少是由建立前的"自选择效应"造成的，多少是由建立后的"生产率效应"造成的，就此得出建立企业年金能够提高企业生产率的结论是草率而不可靠的。因此，除了对数据进行常规处理，尽管上市企业的生产率差异已经很小，本文仍然需要为建立企业年金的企业在未建立企业年金的企业样本中找到真正可供比较的对象，较为适合的方法为匹配估计量法（matching estimators）。

匹配估计量法的基本思想是：以虚拟变量$pension_i = \{0, 1\}$表示企业i是否建立企业年金，建立为1，未建立为0；企业i的生产率为TFP_i；上角标1表示企业i建立企业年金的状态，0为未建立的状态；下角标s表示企业i建立企业年金的年份，t表示观察年份。那么企业i在建立企业年金和未建立企业年金两种状态下的生产率差异表示为：

$$E(TFP_{it}^1 - TFP_{it}^0) = E(TFP_{it}^1 | Pension_{is} = 1) - E(TFP_{it}^0 | Pension_{is} = 1)$$

$$(4.15)$$

事实上，如果企业i已经建立企业年金，其未建立企业年金的状态$E(TFP_{it}^0 | Pension_{is} = 1)$就是不可观测的，所以式（4.15）无法被估计。我们把企业i所属的建立企业年金的企业称为处理组，未建立

企业年金的企业称为对照组，如果能够在对照组中找到与企业 i 特征最相近的企业 j，就可以用现实中未建立企业年金的企业 j 的状态替换掉企业 i 如果未建立企业年金时的状态，即 $E(TFP_{it}^{0} \mid Pension_{is} = 1)$ 转化为 $E(TFP_{jt}^{0} \mid Pension_{js} = 0)$，这样式（4.15）就可以被成功估计。

利用匹配估计量法从企业全要素生产率、资本密度、企业规模、融资约束、所有制性质和所属产业等维度为建立企业年金的企业筛选出与其最相近的未建立企业年金的企业。具体方法为马氏距离匹配，方法描述详见蒋冠宏等（2014）。需要强调的是：为尽可能保留有效样本，同时保证匹配效果使处理组和对照组在建立企业年金这一"拟自然实验"发生前特征接近，特别是全要素生产率无显著差异，匹配比例设定为1：3，以建立企业年金前一年的特征进行匹配，如用2010年特征变量为2011年的处理组匹配到对应的对照组，且在计算马氏距离时增加全要素生产率所占权重。

表4.1　　　　　　　　　　　　匹配结果

年份	匹配前 TFP			匹配后 TFP			处理组样本数	对照组样本数（匹配后）
	处理组	对照组	t 值	处理组	对照组	t 值		
2010	10.518	9.9619	7.40 ***	10.518	10.522	−0.06	264	390
2011	10.572	9.969	8.38 ***	10.572	10.573	−0.01	295	390
2012	10.574	9.9027	8.95 ***	10.574	10.574	0.01	300	401

注：*** 表1%的显著性水平。

从表4.1的匹配结果可知，匹配前处理组企业和对照组企业的平均生产率相差较大，而且 t 值也高度显著，因此拒绝两组企业平均生产率相等的原假设。而进行匹配后，对照组企业的平均生产率与处理组的平均生产率已十分接近，且 t 值也不再显著，接受两组企业的平均生产率相等的原假设。这说明经过匹配后，我们有效剔除了企业年金的"自选择效应"的干扰，可以更为准确地检验企业年金的"生产率效应"。

第二节 实证结果分析

一、企业年金"生产率效应"的基本检验

(一) 初始检验

企业年金生产率效应的初始检验见表4.2。估计方程(1)为未加入控制变量和固定效应的简单检验,是否建立企业年金的系数在1%水平下显著为正,说明建立企业年金显著提升全要素生产率。我们进一步加入控制变量和固定效应对其进行稳健性检验。估计方程(2)是仅加入一系列企业特征控制变量的估计结果,我们发现虽然是否建立企业年金的系数在大小和显著性上都有一定下降,但依然高度显著,这说明加入企业特征变量进行控制后,我们的结论是稳健的。由于企业生产率存在行业、时间和地区差异,我们在估计方程(3)、方程(4)和方程(5)中依次加入行业、时间和地区固定效应,控制不可观测因素在行业、时间和地区因素上对企业生产率的影响,进一步检验结论的稳健性。结果显示,虽然是否建立企业年金的系数在大小和显著性上仍有不同程度的下降,但依然显著为正,说明控制了行业、时间和地区固定效应后,建立企业年金仍然能够显著提高企业生产率。综上,我们认为我国建立企业年金具有明显的"生产率效应"。

表4.2 初始检验

	(1)	(2)	(3)	(4)	(5)
是否建立企业年金	0.557 *** (14.32)	0.457 *** (11.47)	0.321 *** (8.98)	0.320 *** (8.95)	0.266 *** (7.26)
资本密度		$9.38e-09$ *** (3.66)	$1.26e-08$ *** (5.53)	$1.26e-08$ *** (5.50)	$1.17e-08$ *** (5.17)

	（1）	（2）	（3）	（4）	（5）
融资约束		−0.0115	−0.479 ***	−0.481 ***	−0.408 ***
		（−0.13）	（−6.12）	（−6.13）	（−5.14）
企业规模		5.32e−06 ***	3.49e−06 ***	3.49e−06 ***	2.91e−06 ***
		（11.53）	（8.22）	（8.23）	（6.73）
研发投入		−0.296 ***	0.0726 *	0.0872 **	0.0802 **
		（−7.96）	（1.87）	（2.21）	（2.02）
经营时间		−0.0127 ***	−0.0115 ***	−0.0115 ***	−0.0125 ***
		（−3.32）	（−3.33）	（−3.31）	（−3.35）
股权激励		1.28 e−04	1.50 e−04	1.35 e−04	4.34 e−04
		（0.18）	（0.24）	（0.22）	（0.07）
合资企业，民营控股		0.323 ***	0.260 **	0.260 **	0.262 **
		（2.62）	（2.41）	（2.41）	（2.40）
合资企业，外资控股		0.287 **	−0.00368	−0.00372	−0.0217
		（2.46）	（−0.04）	（−0.04）	（−0.21）
中资企业，国有控股		−0.252 ***	−0.209 ***	−0.210 ***	−0.167 ***
		（−4.29）	（−4.01）	（−4.03）	（−3.15）
中资企业，民营控股		−0.0868	−0.0854	−0.0854	−0.0651
		（−1.22）	（−1.35）	（−1.35）	（−1.01）
常数项	10.02 ***	10.48 ***	10.28 ***	10.28 ***	10.52 ***
	（380.00）	（107.95）	（113.17）	（106.47）	（100.56）
观察值	2456	2404	2404	2404	2404
行业固定效应	否	否	是	是	是
时间固定效应	否	否	否	是	是
地区固定效应	否	否	否	否	是
adj. R^2	0.077	0.202	0.408	0.409	0.435
F	204.93	55.13	65.51	58.67	31.10

注：括号内数值为相应估计系数的 t 统计量值；*** 、** 、* 分别代表1%、5%、10%的显著性水平。

　　再来考察控制变量，由于估计结果具有较高的稳健性，暂以估计方程（5）这一完整模型进行分析。企业资本密度系数显著为正，说明企业资本密度越高，生产率越高，原因是资本密度越高表明企业采用更多的机器设备，更有可能采用先进的生产技术。融资约束的系数显著为负，说明企业融资约束越低，生产率越高，原因是企业可以通过更多的融资用于扩大再生产、更新设备和技术升级。企业规模的系数显著为正，说明企业规模越大生产率越高，原因是企业可以利用规模优势降低平均成本。研发投入的系数显著为正，说明进行研发投入的企业比未投入的企业生产率高。经营时间的系数显著为负，说明企业经营时间越久生产率越低，原因可能是经营时间较久的企业由于机器设备陈旧和管理制度惯性而很难迅速完成技术革新和制度改革。股权激励系数为正，但在10%检验水平下仍不显著，说明股权激励提高企业生产率的作用不明显，这与苏冬蔚和林大庞（2010）、林大庞和苏冬蔚（2011）等研究的结论一致，而股权激励生产率效应的弱化可能与大股东控制权与管理层激励之间的冲突加强有关（夏纪军和张晏，2008）。企业所有制性质也显著影响生产率，以合资且国有控股企业为参照组，合资且民营控股企业生产率更高，中资且国有控股企业更低，而合资且外资控股企业和中资且民营企业与之无显著差异，总体上合资企业成产率高于中资企业，非国有控股企业成产率高于国有控股企业。

我们对模型进行如下稳健性检验：（1）将总样本分为工业企业和非工业企业两个子样本分别进行检验；（2）按照企业年金建立时间，将同年处理组和对照组当年及以后年份的数据筛选出来，分别进行检验；（3）将被解释变量改为OP法计算的 *TFP* 进行检验。结果表明，企业年金系数仍显著为正，表明企业年金"生产率效应"的结果是稳健的。

（二）按所属产业检验

在初始检验中加入了行业固定效应控制不可测因素在行业因素上对企业生产率的影响，这也是以往学者以工业企业甚至制造业企业为研究对象时的常规做法。但本书使用的是上市企业数据，除了第二产业上市企业外，还包括第一产业和第三产业企业，而并未在模型中加以区分。鉴于建立企业年金和其他不可测因素对企业生产率的影响可能存在差异，将总样本分为工业企业和非工业企业两个子样本分别进行检验。表4.3为针对工业企业的模型估计，表4.4为针对非工业企业的模型估计。结果显示，无论是对工业企业样本的检验，还是对非工业企业样本的检验，是否建立企业年金的系数均显著为正，说明企业年金对所有产业的企业均具有生产率效应。而在控制变量上，非工业企业与工业企业确有一定差异，特别是研发投入和经营时间对非工业企业生产率的影响不再明显，这与非工业企业的产业特点有关。此外，非工业企业的企业年金生产率效应（表4.4估计方程（5）的0.316）高于工业企业的企业年金生产率效应（表4.3估计方程（5）的0.208）。

表4.3 工业企业样本检验

	（1）	（2）	（3）	（4）	（5）
是否建立企业年金	0.432 *** （10.38）	0.315 *** （7.48）	0.264 *** （6.20）	0.262 *** （6.16）	0.208 *** （4.65）
资本密度		$3.57e-08$ *** （6.88）	$3.42e-08$ *** （6.34）	$3.39e-08$ *** （6.29）	$3.21e-08$ *** （5.92）
融资约束		-0.520 *** （-5.82）	-0.628 *** （-7.02）	-0.629 *** （-7.02）	-0.546 *** （-5.88）
企业规模		$6.17e-06$ *** （11.14）	$4.76e-06$ *** （8.29）	$4.77e-06$ *** （8.31）	$4.13e-06$ *** （6.87）
研发投入		0.0499 （1.22）	0.104 ** （2.44）	0.122 *** （2.78）	0.118 *** （2.62）
经营时间		-0.0207 *** （-5.12）	-0.0155 *** （-3.86）	-0.0154 *** （-3.83）	-0.0154 *** （-3.53）
股权激励		$2.18e-04$ （0.35）	$2.48e-04$ （0.41）	$2.27e-04$ （0.38）	$1.21e-04$ （0.20）
合资企业，民营控股		0.0175 （0.15）	0.0389 （0.33）	0.0400 （0.34）	0.0426 （0.36）

续表

	（1）	（2）	（3）	（4）	（5）
合资企业，外资控股		−0.254 * （−1.82）	−0.223 （−1.63）	−0.222 （−1.62）	−0.230 * （−1.65）
中资企业，国有控股		−0.258 *** （−4.16）	−0.297 *** （−4.88）	−0.299 *** （−4.90）	−0.258 *** （−4.05）
中资企业，民营控股		−0.0573 （−0.77）	−0.0802 （−1.10）	−0.0801 （−1.09）	−0.0568 （−0.75）
常数项	9.858 *** （364.30）	10.52 *** （99.09）	10.46 *** （98.60）	10.47 *** （92.47）	10.66 *** （83.92）
观察值	1603	1560	1560	1560	1560
行业固定效应	否	否	是	是	是
时间固定效应	否	否	否	是	是
地区固定效应	否	否	否	否	是
adj. R^2	0.063	0.218	0.252	0.254	0.283
F	107.70	39.24	37.25	30.89	12.72

注：括号内数值为相应估计系数的 t 统计量值；*** 、 ** 、 *分别代表1%、5%、10%的显著性水平。

表4.4　　　　　　　　　非工业企业样本检验

	（1）	（2）	（3）	（4）	（5）
是否建立企业年金	0.618 *** （8.50）	0.480 *** （6.46）	0.385 *** （6.02）	0.384 *** （5.98）	0.316 *** （4.82）
资本密度		3.72e−09 （1.23）	6.93e−09 *** （2.64）	6.98e−09 *** （2.65）	6.79e−09 *** （2.64）
融资约束		0.823 *** （5.24）	−0.102 （−0.68）	−0.102 （−0.68）	0.00602 （0.04）
企业规模		3.62e−06 *** （5.11）	2.13e−06 *** （3.38）	2.13e−06 *** （3.37）	1.60e−06 ** （2.55）
研发投入		−0.260 *** （−2.92）	−0.0727 （−0.88）	−0.0667 （−0.80）	−0.135 （−1.59）

续表

	（1）	（2）	（3）	（4）	（5）
经营时间		−0.00769 （−1.09）	0.000262 （0.04）	0.000249 （0.04）	−0.00145 （−0.19）
股权激励		−0.00462 （−1.18）	−0.00331 （−1.00）	−0.00328 （−0.99）	−0.00516 （−1.51）
合资企业，民营控股		1.462*** （5.20）	0.966*** （3.94）	0.963*** （3.92）	1.035*** （3.99）
合资企业，外资控股		0.476*** （2.65）	0.127 （0.82）	0.127 （0.82）	0.111 （0.72）
中资企业，国有控股		−0.264** （−2.48）	−0.0425 （−0.44）	−0.0422 （−0.44）	0.0593 （0.61）
中资企业，民营控股		−0.245* （−1.80）	−0.183 （−1.52）	−0.183 （−1.52）	−0.0836 （−0.66）
常数项	10.40*** （197.05）	10.25*** （60.00）	9.844*** （37.13）	9.834*** （36.17）	10.20*** （35.21）
观察值	853	844	844	844	844
行业固定效应	否	否	是	是	是
时间固定效应	否	否	否	是	是
地区固定效应	否	否	否	否	是
adj. R^2	0.078	0.258	0.479	0.479	0.533
F	72.25	26.31	35.92	31.40	18.48

注：括号内数值为相应估计系数的 t 统计量值；*** 、** 、* 分别代表1%、5%、10%的显著性水平。

（三）按企业年金建立时间检验

在初始检验中将各年度处理组和控制组企业合并进行混合样本检验，但按这种方式进行检验得到的结果有可能存在偏差，因为如果企业生产率随时间有所提高，那么即使在模型中加入了时间固定效应，也不能确保个别企业的生产率随时间变化的部分得到完全控制，而混合样本检验中将后一年（如 2013 年）处理组和前一年（相应为 2011

年）对照组的生产率直接进行比较，而不是全部进行同年比较，就可能造成估计出的差异比实际差异更大，也有可能更小。因此，我们按照企业建立年金计划的时间，将同年处理组和对照组当年及以后年份的数据筛选出来，分别进行检验。模型估计结果见表4.5。结果表明，从2011年、2012年、2013年开始建立企业年金，是否建立企业年金的系数均显著为正，说明企业年金建立确实能够促进企业生产率，这也再次证实了企业年金"生产率效应"。控制变量的估计结果依然稳健，这里不再赘述。

表4.5 按企业年金建立时间检验

	（1）2011 年	（2）2012 年	（3）2013 年
是否建立企业年金	0.233 *** （5.08）	0.170 *** （3.06）	0.250 *** （3.19）
资本密度	9.02e − 09 *** （3.09）	9.65e − 09 ** （2.02）	1.07e − 08 （1.55）
融资约束	− 0.270 ** （− 2.34）	− 0.372 *** （− 2.88）	− 0.392 ** （− 1.97）
企业规模	3.18e − 06 *** （5.87）	3.18e − 06 *** （5.05）	3.07e − 06 *** （3.66）
研发投入	0.116 ** （2.24）	0.0420 （0.65）	0.0768 （0.91）
经营时间	− 0.0191 *** （− 3.67）	− 0.0155 *** （− 2.73）	− 0.0115 （− 1.46）
股权激励	0.613 （0.55）	0.473 （0.26）	0.915 （0.51）
合资企业，民营控股	0.265 （1.54）	0.00384 （0.02）	0.608 ** （2.28）
合资企业，外资控股	0.347 ** （2.34）	− 0.0379 （− 0.26）	0.0402 （0.20）
中资企业，国有控股	− 0.121 ** （− 1.98）	− 0.110 （− 1.52）	− 0.130 （− 1.25）

	(1) 2011 年	(2) 2012 年	(3) 2013 年
中资企业，民营控股	-0.0534 (-0.65)	-0.0367 (-0.36)	0.0256 (0.18)
常数项	10.54 *** (78.29)	10.52 *** (67.77)	10.56 *** (49.75)
观察值	1459	1022	546
行业固定效应	是	是	是
时间固定效应	是	是	是
地区固定效应	是	是	是
adj. R^2	0.466	0.457	0.477
F	21.43	14.76	8.14

注：括号内数值为相应估计系数的 t 统计量值；***、**、* 分别代表 1%、5%、10% 的显著性水平。

二、基于中介效应模型的企业年金"生产率效应"机制分析

(一) 企业年金"生产率效应"机制实证结果分析

中介效应模型的估计结果见表 4.6。首先，从关于式（4.2）的第 1 列检验结果来看，企业年金对生产率的综合效应是显著为正的。其次，从关于式（4.3）、式（4.5）和式（4.7）的第 2 列、第 3 列和第 5 列检验结果来看，员工素质构成、培训投入和财务宽松，这三个中介变量与企业年金的关系符合理论预期，系数均显著为正，表明企业年金提高了员工素质构成和培训投入，以及有利于获得财务宽松。但是，关于式（4.6）的第 4 列检验结果显示，对于高管经营绩效而言，企业年金的系数不显著，说明建立企业年金并未对高管起到激励作用。最后，在同时加入企业年金和各中介变量之后，关于式（4.8）的最右一列结果显示，除了高管经营绩效系数不显著外，企业年金和其他各中介变量的系数均显著为正，但企业年金直接效应系数比综合效应系数低。

上述结果初步表明，企业年金除了直接对企业生产率产生积极影响，还通过各中介变量作用于企业生产率。

表 4.6   中介效应模型结果

	式 (4.2)	式 (4.3) 员工素质构成	式 (4.5) 培训投入	式 (4.6) 高管经营绩效	式 (4.7) 财务宽松	式 (4.8)
企业年金	0.3037 *** (8.06)	0.0346 *** (3.89)	1381.934 *** (3.37)	−1.6337 (−1.38)	0.0201 ** (2.06)	0.2648 *** (7.40)
员工素质构成						0.7273 *** (8.21)
培训投入						1.55e−05 *** (8.05)
高管经营绩效						6.58e−05 (0.08)
财务宽松						0.1998 *** (9.49)
常数项	10.1942 *** (159.00)	0.4453 *** (29.46)	1725.124 ** (2.47)	2.3838 (1.53)	0.5144 *** (30.96)	9.8462 *** (136.66)
观测值	2172	2172	2172	2172	2172	2172
行业固定效应	是	是	是	是	是	是
时间固定效应	是	是	是	是	是	是
地区固定效应	是	是	是	是	是	是
adj. R^2	0.3726	0.3386	0.0515	0.0546	0.1684	0.4414
F 统计量	26.23	22.61	2.40	2.55	8.95	32.15

注：由于部分企业报表中缺乏中介效应模型变量的数据，因此样本数较表 4.3 少；如前文所述，由于数据限制无法检验企业年金的抑制员工流动机制，因此本表没有考察式 (4.4)。

(二) 企业年金"生产率效应"机制的检验

在上述初步检验的基础上，参考既有研究，基于式 (4.9) 对中介变量的作用或者说中介效应是否显著进行进一步的检验。现有的检验中介效应的方法根据假设条件不同分为三类：（1）检验 $H_0: b_1 = 0$ 和 $H_0: g_2 = 0$，但这种方法易犯第二类错误；（2）检验 $H_0: g_2 b_1 = 0$，可以用 Sobel（1987）提出的方法，但该检验易犯第一类错误；（3）检验 $H_0: a_0 - g_1 = 0$，可以利用 Freedman 等（1992）的方法，但对多机制中介效应模型，这种方法只能检验整体中介效应是否显著，而不能检验其中某一机制的中介效应是否显著。温忠麟等（2004）基于以上方法总结了一种中介效应检验程序从而提高了检验效率，任曙明和张静（2013）应用其进行了实践。根据以上研究，并结合自身模型特点，按照以下程序进行检验：

1. 检验 $H_0: a_1 = 0$。如果接受原假设，则检验结束，得出不存在中介效应的结论；如果拒绝原假设，程序继续。

2. 检验 $H_0: b_1 = 0$ 和 $H_0: g_2 = 0$。如果都拒绝原假设，则得出企业员工素质结构存在中介效应的结论，跳至步骤4；如果至少有一个接受原假设，程序继续。

3. 检验 $H_0: g_2 b_1 = 0$。如果接受原假设，则得出企业员工素质结构不存在中介效应的结论，程序继续；如果拒绝原假设，则检验结束，得出企业员工素质结构存在中介效应的结论，程序继续。

4. 重复步骤2和步骤3，分别检验企业培训投入、高管经营绩效和企业财务宽松是否具有中介效应。

按照此程序的检验结果显示：企业员工素质构成、培训投入和财务宽松，这三个中介变量的相应假设检验的 χ^2 统计量均在 1% 检验水平下高度显著，因此强烈拒绝原假设，说明以上三种中介效应全部存在；而高管经营绩效这一中介变量的相应假设检验则接受原假设，说明企业年金并未通过提升高管经营绩效这一机制作用于企业生产率。

综合以上结果，企业年金除了直接对中国企业的生产率产生积极影响，还通过提高员工素质构成、增加培训投入和获得财务宽松等机制作用于企业生产率，但没有通过提升高管经营绩效而发挥作用。

三、"生产率效应"的长期持续性检验

(一) 企业年金的"滞后效应"

1. "滞后效应"实证结果分析。企业年金的"滞后效应",即对式 (4.10) 的检验结果见表 4.7、表 4.8 和表 4.9。其中,表 4.7、表 4.8 和表 4.9 分别对应式 (4.10) 中滞后期 s 为 1、2、3,也就是企业年金与其建立后的第 1 年、第 2 年和第 3 年的企业生产率的关系。

从各表结果来看,首先是企业年金的系数均显著为正,说明企业年金对其建立后 1~3 年的企业生产率仍具有"生产率效应"。其次是企业年金在其建立后各年的"生产率效应"逐渐减弱,且衰减幅度逐年增加,表现为企业年金的系数从滞后 1 年的 0.2512,下降到滞后 2年的 0.2433,并进一步明显下降到滞后 3 年的 0.1845。按照企业年金"生产率效应"的基本检验程序进行了稳健性检验,结果与以上结论一致。

表 4.7　　　　　　　　　　　　滞后 1 年

	1	2	3	4	5
企业年金 (滞后 1 期)	0.5726*** (12.52)	0.4675*** (10.29)	0.3124*** (7.60)	0.3093*** (7.52)	0.2512*** (5.98)
常数项	10.0295*** (327.81)	10.4302*** (121.84)	9.9706*** (124.32)	9.9106*** (114.03)	10.2429*** (97.85)
观察值	1823	1822	1822	1822	1822
企业特征变量	否	是	是	是	是
行业固定效应	否	否	是	是	是
时间固定效应	否	否	否	是	是
地区固定效应	否	否	否	否	是
adj. R^2	0.079	0.218	0.412	0.412	0.431
F 统计量	156.78	73.36	61.68	56.51	27.04

注:为节约篇幅,本表中将各企业特征变量汇总,以下同。

表 4.8   滞后 2 年

	1	2	3	4	5
企业年金（滞后 2 期）	0.5680 *** (9.89)	0.4391 *** (7.73)	0.2880 *** (5.59)	0.2830 *** (5.49)	0.2433 *** (4.60)
常数项	10.0428 *** (266.41)	10.5215 *** (95.39)	10.0390 *** (96.50)	10.0580 *** (96.26)	10.3957 *** (81.35)
观察值	1193	1193	1193	1193	1193
企业特征变量	否	是	是	是	是
行业固定效应	否	否	是	是	是
时间固定效应	否	否	否	是	是
地区固定效应	否	否	否	否	是
adj. R^2	0.075	0.220	0.404	0.405	0.419
F 统计量	97.81	48.93	39.48	37.90	17.51

表 4.9   滞后 3 年

	1	2	3	4	5
企业年金（滞后 3 期）	0.5259 *** (6.27)	0.3992 *** (4.78)	0.2319 *** (2.99)	0.2319 *** (2.99)	0.1845 ** (2.30)
常数项	10.1112 *** (188.10)	10.5761 *** (63.35)	10.1843 *** (64.46)	10.1843 *** (64.46)	10.5194 *** (54.54)
观察值	577	577	577	577	577
企业特征变量	否	是	是	是	是
行业固定效应	否	否	是	是	是
时间固定效应	否	否	否	是	是
地区固定效应	否	否	否	否	是
adj. R^2	0.062	0.196	0.372	0.372	0.380
F 统计量	39.31	21.00	17.24	17.24	7.93

2. "滞后效应"的平均处理效应（ATT）。按照企业年金建立的时

间分别进行倾向得分匹配，并计算 ATT，主要考察 ATT 数值及其显著性，并报告匹配后的处理组和对照组企业个数，见表 4.10。估计结果（34）～（36）为 2011 年开始建立企业年金的企业。尽管为了提高匹配质量删除了因倾向得分过高而未进入共同取值范围内的处理组样本，因而匹配后的 ATT 数值及其显著性，以及匹处理组和对照组企业个数均较初始检验时有所下降，但这一结果显然是更加可信和精确的。结果显示 ATT 依然显著为正，说明建立企业年金的企业比未建立的企业生产率增长得更快。从企业年金的长期效应看，时间越长，企业年金的"生产率效应"越低。估计结果（4）、结果（5）为 2012 年开始建立企业年金的 ATT，估计结果（6）为 2013 年开始建立企业年金的 ATT，从这两年的检验结果来看，仍然能得出与 2011 年完全一致的结论。

表 4.10　　　　建立企业年金的 ATT （总样本 | LP 法）

	（1） 建立当年 （2011）	（2） 建立后 1 年 （2011）	（3） 建立后 2 年 （2011）	（4） 建立当年 （2012）	（5） 建立后 1 年 （2012）	（6） 建立当年 （2013）
TFP （ATT）	0.2223 ** (2.04)	0.2169 * (1.94)	0.1874 * (1.70)	0.2066 * (1.78)	0.1767 * (1.62)	0.2211 ** (2.13)
处理组 （匹配后）	219	212	211	249	229	300
对照组 （匹配后）	345	345	344	328	323	380

　　为进一步检验倾向得分匹配结果的稳健性，分别选择工业企业样本和 OP 法计算的 TFP 重新进行倾向得分匹配并计算 ATT 效应，结果见表 4.11 和表 4.12。根据显示结果，依然得出与表 4.10 完全相同的结论。综上，通过计算建立企业年金的 ATT，总结出以下两个结论：一是建立企业年金能够显著提升生产率，二是企业年金的"生产率效应"是长效的，但随时间推移，企业年金的"生产率效应"逐渐减弱。

表4.11　　　　　　　建立企业年金的ATT（工业企业样本｜LP法）

	（1） 建立当年 （2011）	（2） 建立后1年 （2011）	（3） 建立后2年 （2011）	（4） 建立当年 （2012）	（5） 建立后1年 （2012）	（6） 建立当年 （2013）
TFP（ATT）	0.2894 ** (2.04)	0.2514 * (1.76)	0.2326 * (1.62)	0.2398 ** (1.97)	0.2151 * (1.74)	0.1831 * (1.60)
处理组（匹配后）	131	124	120	138	139	165
对照组（匹配后）	190	208	207	193	253	255

表4.12　　　　　　　建立企业年金的ATT（总样本｜OP法）

	（1） 建立当年 （2011）	（2） 建立后1年 （2011）	（3） 建立后2年 （2011）	（4） 建立当年 （2012）	（5） 建立后1年 （2012）	（6） 建立当年 （2013）
TFP（ATT）	0.2380 ** (2.31)	0.2148 ** (1.97)	0.1981 * (1.69)	0.1629 * (1.63)	0.1557 ** (1.97)	0.1862 * (1.95)
处理组（匹配后）	216	208	211	258	284	218
对照组（匹配后）	325	330	322	331	369	347

　　3. "滞后效应"产生的作用机制。"滞后效应"减弱的结果其实也不难理解。对于仅在单一年度提供年金计划的企业来说，产生企业年金"生产率效应"的各项机制并非都会长期持续，而是有时效的。例如，对于此后年度的拟加入员工来说，仅在此前的单一年度而没有连续提供年金计划的非连续性制度安排，将难以促成其自选择。再如，由于基金规模有限，因此单一年度的企业年金难以与银行间形成有益的银企关系进而获取融资宽松等。

　　基于上述考虑，为进一步考察"滞后效应"减弱中各机制的作用，以前述中介效应模型为基础，考察其中各变量的滞后项，结果如表4.13所示。可以看出，企业年金对生产率的直接效应虽然始终显著，但逐年下降，而在各中介变量中，除高管经营绩效始终不显著以外，企业财务宽松、培训投入和企业员工素质等中介变量，依次从滞后1年、滞后2年和滞后3年开始便不再显著，也就是说，企业年金不再通过这些因素对后期的企业生产率产生积极影响，相关机制是具有时效性的。

表 4.13　　　　　　　企业年金"滞后效应"的内在机制

	当年	滞后 1 年	滞后 2 年	滞后 3 年
总体效应	0.3037 *** (8.06)	0.3023 *** (6.81)	0.2697 *** (4.88)	0.2213 ** (2.52)
直接效应	0.2648 *** (7.40)	0.2493 *** (6.23)	0.2159 *** (4.58)	0.1736 ** (2.33)
企业员工素质	○	○	○	×
培训投入	○	○	×	×
企业财务宽松	○	×	×	×
高管经营绩效	×	×	×	×

注：○表示中介效应检验结果显著，存在中介效应；×则表示检验结果不显著，不存在中介效应。

存在"滞后效应"意味着，如果连续地提供企业年金，则在当期效应和"滞后效应"的协同影响下，企业生产率应是持续增加的。下节就对这种"叠加效应"进行检验。

（二）连续建立企业年金的"叠加效应"

对连续建立企业年金的"叠加效应"即式（4.11）的实证结果见表 4.14。结果表明，ATT 显著为正，且呈逐年增加趋势，表明连续建立企业年金具有促进企业生产率逐年递增式增长的"叠加效应"。以第 1 行为例，对于自 2011 年以来连续建立企业年金的处理组企业而言，在此前的 2010 年与从未建立企业年金的对照组企业之间并无显著的生产率差异。但是，自 2011 年处理组开始连续建立企业年金以后，双方的 ATT 由 0.2406 上升到了 2012 年的 0.2560，并进一步上升到 2013 年的 0.2700。表 4.14 还汇报了基于 OP 法计算的 *TFP* 进行倾向得分匹配的 ATT，仍然能够表明持续建立企业年金具有"叠加效应"。

表4.14 连续建立企业年金的 ATT

	LP 法				OP 法			
	2010	2011	2012	2013	2010	2011	2012	2013
处理组自 2011 年连续建立年金	0.0080 (0.09)	0.2406 * (1.70)	0.2560 ** (2.29)	0.2700 *** (2.53)	0.0416 (0.46)	0.1532 * (1.82)	0.2059 * (1.95)	0.2496 ** (1.99)
处理组自 2012 年连续建立年金		0.0000 (0.00)	0.1683 * (1.80)	0.1755 * (1.93)		0.0573 (0.83)	0.1200 * (1.83)	0.1527 * (1.75)
处理组自 2013 年连续建立年金			0.0110 (0.14)	0.2211 ** (2.13)			0.0884 (1.21)	0.1862 * (1.95)

第三节　小　结

利用 2010～2013 年上海证券交易所上市企业年报数据，实证检验了企业年金促进企业生产率提高的"生产率效应"及其时效性，并通过中介效应模型系统检验了其实现路径，得出以下几点结论：

第一，建立企业年金的企业生产率高于未建立的企业生产率，企业年金具有提高企业生产率的"生产率效应"。

第二，对于中国企业来说，企业年金之所以具有"生产率效应"，是通过提高员工总体素质水平、增加培训投入和增加企业财务宽松等机制实现的，但没有表现出通过提升高管经营绩效而发挥作用。

第三，建立企业年金对此后若干年的企业生产率仍具有促进作用，也就是有"滞后效应"，但会逐渐减弱，原因在于对于单一年度的企业年金而言，其各项作用机制是有时效性的，会随着滞后期的延长而相继失效；而连续建立企业年金对生产率产生"叠加效应"，也就是在连续建立年金期间，当期效应和"滞后效应"的叠加令企业生产率得到进一步提高。

研究结果表明，企业年金不仅是对我国基本养老保险制度的补充，还具有提高企业生产率的现实好处，而连续地提供企业年金计划是充分利用这一效应的关键。

第五章

企业年金与员工效率

理论上，年金计划通过两种机制提高员工效率：一是有效甄别高效率员工，本书称之为企业年金的"甄别效应"。二是能够激励员工提高生产率，本书称之为企业年金的"激励效应"。企业年金的这两种效应是有机结合的："甄别效应"起到了吸引高生产率劳动力成为企业员工的作用，是前置性的；"激励效应"起到了促进在职员工提高生产率的作用，是后置性的。尽管理论研究的结论较为统一，国际实践也较为成熟，但这一领域的实证研究尚不能令人满意。

针对上述既有研究的不足，尝试在"甄别效应"和"激励效应"双重机制的框架下对企业年金与员工生产率的关系进行实证分析。

第一节　模型、变量和数据说明

一、实证模型

将员工是否加入企业年金设定为二元虚拟变量，用 *Pension* 表示，如果员工加入企业年金则 *Pension* $= 1$，否则 *Pension* $= 0$。另外，根据以往研究选用员工单位时间绩效工资作为其生产效率的代理指标，用 *Productivity* 表示，该变量为非负连续变量。

为检验企业年金"甄别效应"，以员工是否加入企业年金 *Pension*

为被解释变量、以员工效率 *Productivity* 为核心解释变量构建计量模型，由于被解释变量 *Pension* 为二元虚拟变量，因此模型的具体形式为 Probit 模型，即：

$$Prob(Pension_i = 1) = c_1 + \alpha_1 Productivity_i + \beta_1' CV + \gamma_1' I + \theta_1' J + \mu_{1i}$$
$$(5.1)$$

$$\mu_{1i} \sim N(0, \sigma_1^2) \qquad (5.2)$$

而为检验企业年金"激励效应"，以员工效率 *Productivity* 为被解释变量、以员工是否加入企业年金 *Pension* 为核心解释变量重新构建计量模型。需要说明的是，由于衡量低效率员工生产效率的单位绩效工资均为 0，即被解释变量 *Productivity* 对于某些观测数据被压缩在了一个点上，此时 *Productivity* 的概率分布就变成由一个离散点与一个连续分布所组成的混合分布。在这种情况下，如果用 OLS 来估计，无论使用的是整个样本还是去掉离散点后的子样本，都不能得到一致的估计。因此，使用左端归并的 Tobit 模型进行初始检验，即：

$$Productivity_i = \begin{cases} Productivity_i^*, & Productivity^* > 0 \\ 0, & Productivity_i^* \leq 0 \end{cases} \qquad (5.3)$$

$$Productivity_i^* = c_2 + \alpha_2 Pension_i + \beta_2' CV + \gamma_2' I + \theta_2' J + \mu_{2i} \qquad (5.4)$$

$$\mu_{2i} \sim N(0, \sigma_2^2) \qquad (5.5)$$

以上向量 *CV*、向量 *I* 和向量 *J* 表示控制变量集合，μ_i 表示误差项。

通过模型设定，可以发现，验证以上两种效应的难点在于，检验"甄别效应"，就是检验员工效率的高低是否直接影响其参加企业年金的倾向，而检验"激励效应"，就是检验参加企业年金是否反过来进一步提升员工的生产效率，因此若要证实企业年金同时具备"甄别效应"和"激励效应"，那么就相当于承认企业年金和员工效率间存在双向因果关系，任何直接简单估计企业年金和员工效率之间关系的计量模型都会因内生性问题而存在同时性选择偏差。为此，本书需要选取合适指标作为核心解释变量的工具变量，对上述实证模型进行修正，以消除内生性，得出稳健估计结果。

针对"甄别效应"模型，可以将员工健康状态作为工作效率的工具变量，构建工具变量 Probit 模型以消除员工效率的内生性影响，原因在于：首先，工具变量与解释变量相关，即员工健康状态显著影响其工作效率（Grossman，1972；朱玲，2002）；其次，工具变量与被解释变量不相关，鉴于我国已经建立了相对完善的职工医疗保险制度，健康状况并不显著影响员工对养老保障范畴的企业年金的需求。将员工健康状态设定为等级变量，用 $Health$ 表示，建立如下工具变量 Probit 模型：

$$Productivity_i = c_3 + \alpha_3 Health_i + \beta_3{}'CV + \gamma_3{}'I + \theta_3{}'J + \mu_{3i} \qquad (5.6)$$

$$Prob(Pension_i = 1) = c_4 + \alpha_4 Productivity_i + \beta_4{}'CV + \gamma_4{}'I + \theta_4{}'J + \mu_{4i}$$
$$(5.7)$$

$$\begin{pmatrix} \mu_{4i} \\ \mu_{3i} \end{pmatrix} \sim N \left[\begin{pmatrix} 0 \\ 0 \end{pmatrix}, \begin{pmatrix} 1 & \rho\,\sigma_3 \\ \rho\sigma_3 & \sigma_3^2 \end{pmatrix} \right] \qquad (5.8)$$

该工具变量 Probit 模型可使用极大似然法直接进行估计。

各国普遍对员工加入企业年金采用"EET"模式的个人所得税优惠政策，员工可以通过参加企业年金降低应纳税额合理避税，因此个人所得税率较高的员工参加企业年金的动机更强烈。而员工个人所得税率与其生产效率并无直接关系。因此，针对"激励效应"模型，可以将员工个人实际所得税率作为是否加入企业年金的工具变量。遵循 Heckman（1979）样本选择模型的传统，我们先对内生变量 $Pension_i$ 进行结构建模，进而建立如下处理效应（treatment effects model）模型：

$$Prob(Pension_i = 1) = c_3 + \alpha_3 Tax_i + \beta_3{}'CV + \gamma_3{}'I + \theta_3{}'J + \mu_{3i} \qquad (5.9)$$

$$Productivity_i = c_4 + \alpha_4 Pension_i + \beta_4{}'CV + \gamma_4{}'I + \theta_4{}'J + Lambda \cdot \lambda_i + \mu_{4i}$$
$$(5.10)$$

其中，Tax 是以员工个人实际所得税率表示的员工是否加入企业年金的工具变量，为非负连续变量；μ_3、μ_4 为误差项；λ 表示由 μ_3 计算出来的逆米尔斯比率。

在估计方法上，可以进行类似于 Heckit 的两步法估计：

第一步，估计方程 $Pr(Pension_i = 1 | X_i) = \Phi(X_i'\delta)$，得到估计值 $\hat{\delta}$，计算 $\hat{\lambda}_i$。

第二步，回归 $Productivity_i \rightarrow Z_i$，$Pension_i$，$\hat{\lambda}_i$，得到估计值 $\hat{\beta}$，$\hat{\gamma}$ 和 $\widehat{\rho\sigma_\varepsilon}$（我们用 $Lambda$ 表示）。

使用两步法的缺点在于第一步的估计误差代入第二步中，导致效率损失。更有效的做法是使用极大似然估计法，同时估计所有模型参数。

进一步地，企业年金具有"甄别效应"的内在机制在于，时间偏好较低、喜欢稳定工作环境和退休保障的员工常常具有较高的生产效率，倾向于有企业年金的工作，因此高效率员工会自选择加入有年金企业（Allen 和 Clark，1987），故而在信息不对称的情况下，企业的年金制度就成为一项针对劳动力特征信息的甄别制度设计。

上述甄别机制中的关键因素在于 Ippolito（1995，1999，2002）提出的员工的效用贴现率：低贴现率员工会赋予权益累积后置的年金计划以更高的折现价值，而高贴现率员工则会赋予较低的折现价值转而去寻找完全给付现金工资的工作。由此，可通过考察员工的效用贴现率与其参加企业年金与否的关系，以检验企业年金是否基于这一甄别机制而具有"甄别效应"。不过，员工效用贴现率是一个难以直接观察和衡量的因素。将 2012 年中国家庭金融调查（CHFS）提供的受访者的主观时间价值作为其效用贴现率的衡量标准。该调查假设当前利率为 0 且不考虑物价上涨因素下，令受访者在一年以后得到 1100 元与明天得到 1000 元之间选择。设定员工效用贴现率为二元虚拟变量，用 $Beta$ 表示，如果员工选择前者，表明其未来贴现率较低，则 $Beta = 1$，而如果员工选择后者，表明其效用贴现率较高，则 $Beta = 0$。本文采用二元 Probit 模型来检验员工进行企业年金参与决策的路径：

$$Prob(Beta_i = 1) = c_5 + \alpha_5 Productivity_i + \beta_5'CV + \gamma_5'I + \theta_5'J + \mu_{si}$$

(5.11)

$$Prob(Pension_i = 1) = c_6 + \alpha_6 Beta_i + \beta_6'CV + \gamma_6'I + \theta_6'J + \mu_{6i}$$

$$(5.12)$$

其中，μ_3、μ_4为误差项，服从二维联合正态分布，期望为0，方差为1，而相关系数为φ，即：

$$\begin{pmatrix} \mu_{5i} \\ \mu_{6i} \end{pmatrix} \sim N\left[\begin{pmatrix} 0 \\ 0 \end{pmatrix}, \begin{pmatrix} 1 & \varphi \\ \varphi & 1 \end{pmatrix} \right] \tag{5.13}$$

此外，为考察企业年金能在多大程度上提升员工生产效率，使用倾向得分匹配法（propensity score matching），匹配出与加入年金员工最接近的未加入年金员工，然后，根据"实验组的平均处理效应"（average treatment effect on the treated, ATT）来检验企业年金的"激励效应"，以去除员工效率和加入年金决策之间的内生性。

把加入企业年金员工称为实验组，未加入企业年金员工称为对照组，以虚拟变量$Pension_i = \{0, 1\}$表示员工i是否参加企业年金，设1表示员工参加年金计划，0为未参加。另记员工i的工作效率为$Productivity_i$。通常，除了（$Productivity_i$, $Pension_i$）外，还可以观测到员工i的一些特征，如年龄、性别、工作情况等，记为向量Z_i。

员工i在对加入企业年金和如果未加入企业年金两种状态下的效率差异就可以用下式表示：

$$\begin{aligned} E(Productivity_{1i} - Productivity_{0i}) &= E(Productivity_{1i} \mid Pension_i = 1) \\ &- E(Productivity_{0i} \mid Pension_i = 1) \end{aligned} \tag{5.14}$$

其中$Productivity_{1i}$表示员工i参加企业年金的工作效率，而$Productivity_{0i}$表示其未参加企业年金的工作效率。而事实上，$E(Productivity_{0i} \mid Pension_i = 1)$是不可观测的，因为员工加入企业年金后其未加入企业年金的状态就不可观测，所以无法估计上式。

定义员工i的倾向得分为，在给定Z_i的情况下，个体i进入处理组的条件概率，即$p(Z_i) \equiv P(Pension_i = 1 \mid Z = Z_i)$。如果在控制组找到某个员工$j$，使员工$j$与员工$i$的倾向得分尽可能匹配，即$p(Z_i) \approx p(Z_j)$，则基于可忽略性假定①，员工 j 的生产效率就可以模拟员工 i 在未加入企业年金状态下的生产效率，即 $Productivity_{0i} = Productivity_j$。因此，可将 $Productivity_i - \widehat{Productivity_{0i}} = Productivity_i - Productivity_j$ 作为对员工 i 处理效应的度量。

通过倾向得分匹配计算平均处理效应的步骤如下：

1. 选择尽量将可能影响（$Productivity_{1i}$，$Productivity_{0i}$）和 $Pension_i$ 的相关变量作为协变量 Z_i，以保证可忽略性假设得到满足。

2. 使用 probit 模型估计样本数据倾向得分 $p(Z_i)$。

3. 根据倾向得分进行匹配，并检验匹配后的数据是否平衡。如果倾向得分估计得较准确，则应使 Z_i 在匹配后的处理组与控制组之间分布较均匀，即匹配后的处理组均值 $\bar{Z}_i$ 与控制组均值 $\bar{Z}_j$ 较接近，达到数据平衡。但 $\bar{Z}_i$ 与 $\bar{Z}_j$ 的差距显然与计量单位有关，故一般针对 Z_i 的每个分量考察如下标准化偏差：

$$sd = \frac{|\bar{Z}_i - \bar{Z}_j|}{\sqrt{(s_i^2 + s_j^2)/2}} \tag{5.15}$$

其中，s_i^2 和 s_j^2 分别为处理组与控制组变量 z_i 的样本方差。一般要求此标准化偏差不超过 10%。

4. 根据匹配后样本计算平均处理效应。参加者平均处理效应 ATT 估计量的一般表达式为：

$$\widehat{ATT} = \frac{1}{N_1} \sum_{i:Pension_i=1} (Productivity_i - \widehat{Productivity_{0i}}) \tag{5.16}$$

在进行倾向得分匹配时，有不同的具体方法，分别为"k 近邻匹配""卡尺匹配""卡尺内最近邻匹配""核匹配""局部线性回归匹配"及"样条匹配"。在实践中，卡尺内最近邻匹配较为流行。一般尝试不同的匹配方法，然后比较其结果，如果不同方法的结果相似，则

---

① 可忽略性假定：给定 Z_i，则（$Productivity_{1i}$，$Productivity_{0i}$）独立于 $Pension_i$，记为（$Productivity_{1i}$，$Productivity_{0i}$）$\perp Pension_i | Z_i$，其中 $\perp$ 表示相互独立。

说明结果是稳健的。

二、变量选取

被解释变量、核心解释变量及其对应的工具变量均在上文设定完毕。这里将设定向量 CV、向量 I 和向量 J 等控制变量集合：

第一组控制变量为员工的工作状态变量组，包括员工的工龄（$Seniority$）及其二次项、职称（$Title$）、职务（$Position$）以及工作时间（$Time$）。

第二组控制变量为员工的财务状况变量组，包括员工的个人所得税率（Tax）和房产情况（$House$）。

第三组控制变量为员工人口学和家庭情况变量组，主要包括员工的年龄（Age）及其二次项、性别（Sex）、民族（$Race$）、户口（$Local \& Rural$）、婚姻状况（$Marriage$）、学历（$Senior \& University$）、健康状况（$Health$）、家庭成员数（$Head$）和兄弟姐妹情况（$Only$）。

第四组控制变量为员工所在企业情况变量组，包括企业所有制（$Owner$）和上市情况（$List$）。

第五组控制变量为向量 I 和向量 J，分别为员工所在行业（$Industry$）和地区（$Province$）。

各变量的含义、计算指标列于表5.1。

表5.1　　　　　　　　　　　主要变量说明

变量名	指标含义	度量方法
$Pension$	是否有企业年金	二元虚拟变量 = {0，1}
$Productivity$	货币化工作效率	税后奖金/工作小时数
$Seniority$	工龄	在目前企业工作的年数
$Position$	是否有职务	二元虚拟变量 = {0，1}
$Time$	劳动强度	去年工作小时数
Tax	个人所得税率	个人所得税/（税后货币工资 + 税后奖金 + 税后补贴 + 个人所得税）×100%

变量名	指标含义	度量方法
House	是否有自有房产	二元虚拟变量 = {0, 1}
Age	年龄	调查年份 – 员工出生年份
Marriage	是否有配偶	二元虚拟变量 = {0, 1}
University	是否大学（或同等学历）及以上学历	二元虚拟变量 = {0, 1}
Health	健康状况	从 1~5 的等级变量，1 为非常差，2 为差，3 为一般，4 为好，5 为非常好
Head	家庭成员数	与员工有经济联系的家庭人员数量
List	企业是否上市	二元虚拟变量 = {0, 1}
Owner	企业所有制形式	以国有企业为参考基准，分别代表集体、私营、外商独资及其他所有制企业的 4 个二元虚拟变量
Industry	行业	以制造业为参考基准，分别代表农林牧渔业、采矿业等行业的 20 个二元虚拟变量
Province	地区	以北京市为参考基准，分别代表安徽省、甘肃省等地区的 25 个二元虚拟变量

三、数据描述

使用中国家庭金融调查与研究中心发布的 2012 年中国家庭金融调查（CHFS）数据库。该数据库汇总全国 25 个省共 8438 个家庭的抽样调查数据，涉及家庭资产、负债、收入、消费、保险、保障等各个方面。从中选取企业在职员工共 2730 个样本作为研究对象，其中，参加企业年金的员工 215 人，占抽样样本的 7.87%。各类员工参保情况见表 5.2。可以看出，员工是否加入企业年金与员工生产效率、工龄、职务、所得税率、自有房产、学历以及所在企业的上市情况、所有制形式显著相关，而在年龄、婚姻状态、家庭成员数和工作时间上差异不大。

表5.2　　各变量数据描述

变量名	Pension=1					Pension=0				
	观测值	均值	标准差	最小值	最大值	观测值	均值	标准差	最小值	最大值
Productivity	212	11.95	23.34	0.00	208.33	2223	1.95	7.67	0.00	130.21
Seniority	215	15.42	9.52	0.90	47.00	2483	9.22	9.17	0.10	44.00
Position	214	0.35	0.48	0.00	1.00	2488	0.16	0.36	0.00	1.00
Time	214	1976.57	498.78	0.00	4032.00	2470	2088.12	1033.64	0.00	8064.00
Tax	142	0.05	0.05	0.00	0.26	2022	0.01	0.04	0.00	0.10
House	215	0.85	0.36	0.00	1.00	2492	0.77	0.42	0.00	1.00
Age	215	38.54	8.27	23.00	60.00	2492	40.20	9.56	20.00	70.00
Marriage	214	0.91	0.29	0.00	1.00	2474	0.92	0.27	0.00	1.00
University	214	0.36	0.48	0.00	1.00	2476	0.10	0.30	0.00	1.00
Health	214	2.46	0.86	1.00	5.00	2489	2.38	0.85	1.00	5.00
Head	215	3.05	0.97	1.00	8.00	2492	3.46	1.26	1.00	9.00
List	214	0.52	0.50	0.00	1.00	2445	0.15	0.35	0.00	1.00
Owner1	214	0.06	0.24	0.00	1.00	2482	0.05	0.23	0.00	1.00
Owner2	214	0.12	0.33	0.00	1.00	2482	0.67	0.47	0.00	1.00
Owner3	214	0.02	0.15	0.00	1.00	2482	0.03	0.17	0.00	1.00
Owner4	214	0.03	0.17	0.00	1.00	2482	0.04	0.19	0.00	1.00

资料来源：根据2012年中国家庭金融调查（CHFS）抽样数据整理。

第二节　实证结果分析

一、企业年金"甄别效应"实证结果

(一) 企业年金的"甄别效应"

1. 简单 Probit 模型实证结果分析。首先运用 Probit 模型对上文建立的计量模型进行估计，估计结果见表 5.3。表中第 1 列至第 4 列模型为依次去掉各组控制变量后的回归结果，第 5 列模型则为完整估计模型。表中各列模型下对应变量的估计结果差异并不明显，由此说明各组控制变量间的共线性程度较低，这在一定程度上反映了控制变量选取的合理性。

表 5.3 　　　　　　　　　　甄别效应 Probit 模型回归结果

	模型 (1)	模型 (2)	模型 (3)	模型 (4)	模型 (5)
样本量	1859	2234	1863	1876	1852
Productivity	0.0163 ***	0.0136 ***	0.0130 ***	0.0138 ***	0.0131 ***
	(0.0054)	(0.0045)	(0.0049)	(0.0052)	(0.0051)
Seniority		0.0401 **	0.0265	0.0525 ***	0.0460 **
		(0.0201)	(0.0179)	(0.0205)	(0.0223)
$Seniority^2$		−0.0004	−0.0006	−0.0006	−0.0006
		(0.0006)	(0.0005)	(0.0006)	(0.0007)
Title		0.3091 ***	0.1581	0.3144 ***	0.1824
		(0.1057)	(0.1183)	(0.1136)	(0.1180)
Position		0.3542 ***	0.4121 ***	0.2929 **	0.3817 ***
		(0.1208)	(0.1389)	(0.1379)	(0.1425)
Effort		−0.0002 *	−0.0002 **	−0.0002 ***	−0.002 **
		(0.0001)	(0.0001)	(0.0001)	(0.0001)

续表

	模型（1）	模型（2）	模型（3）	模型（4）	模型（5）
Tax	1.6996 ** (0.7647)		0.9048 (0.7528)	1.5995 ** (0.7187)	1.1386 (0.7985)
House	−0.2393 (0.1537)		−0.1720 (0.1448)	−0.2545 (0.1610)	−0.2784 * (0.1631)
Age	−0.0321 (0.0476)	−0.1069 ** (0.0508)		−0.0725 (0.0537)	−0.0666 (0.0573)
Age^2	0.0002 (0.0006)	0.0009 (0.0006)		0.0005 (0.0007)	0.0005 (0.0007)
Sex	0.0227 (0.1153)	0.1050 (0.1021)		0.0859 (0.1146)	0.0672 (0.1178)
Race	−0.5479 (0.3769)	−0.5959 * (0.3237)		−0.4266 (0.3868)	−0.5179 (0.3959)
Local	0.1664 (0.2047)	0.0253 (0.1715)		0.1213 (0.2159)	0.1025 (0.2097)
Rural	−0.4064 ** (0.1687)	−0.1612 (0.1572)		−0.4470 *** (0.1707)	−0.2810 (0.1835)
Marriage	−0.1699 (0.2062)	0.0003 (0.1862)		−0.0322 (0.1984)	−0.1423 (0.2044)
Senior	0.3388 *** (0.1246)	0.2013 ** (0.1157)		0.3130 *** (0.1194)	0.3213 *** (0.1260)
University	0.0387 (0.2128)	0.1712 (0.1582)		0.0802 (0.2060)	−0.0237 (0.2200)
Head	0.0241 (0.0617)	−0.0422 (0.0584)		0.0168 (0.0629)	0.0281 (0.0652)
Only	0.2634 (0.1749)	0.1092 (0.1480)		0.3542 ** (0.1683)	0.3649 ** (0.1730)
List	0.3932 *** (0.1378)	0.3515 *** (0.1176)	0.3789 *** (0.1338)		0.4087 *** (0.1402)

续表

	模型（1）	模型（2）	模型（3）	模型（4）	模型（5）
Owner1	-0.4689** (0.2039)	-0.3383* (0.1771)	-0.4241** (0.1958)		-0.3897* (0.2058)
Owner2	-0.9475*** (0.1522)	-0.8595*** (0.1382)	-0.8940*** (0.1534)		-0.8317*** (0.1611)
Owner3	-0.4125 (0.3052)	-0.5711** (0.2860)	-0.4201 (0.2901)		-0.3359 (0.3004)
Owner4	-0.8470** (0.3765)	-0.6187** (0.3013)	-0.6591** (0.3349)		-0.7351** (0.3797)
Industry	yes	yes	yes	yes	yes
Province	yes	yes	yes	yes	yes
Constant	-0.5494 (1.0025)	1.6468 (1.0145)	-0.5143 (0.3722)	0.5147 (1.0821)	0.7703 (1.1884)
$Wald\chi^2$	320.8200	389.2400	285.3300	224.9500	293.6200
$Pseudo\ R^2$	0.3597	0.4084	0.3432	0.3416	0.3853

注：表中括号内数值为相应估计系数的稳健标准差；***、**、*分别代表1%、5%、10%的显著性水平。以下各估计结果表同。

　　各组控制变量的主要作用均在于减弱模型的内生性问题，并且在加减各组控制变量过程中发现：当分别忽略员工的财务状况、员工人口学和家庭情况及员工所在企业情况三组控制变量时，主要解释变量的估计系数大小及显著性无明显变化，可知员工效率与这三组控制变量间关联度较小，那么这三组控制变量的主要作用在于将影响企业年金需求的个人财务、基本面及企业性质等相关因素从模型估计的残差中剥离出来；而当忽略表示员工工作状态的第一组控制变量时，主要解释变量估计系数在数值上产生了一定差异，说明员工效率与其工作状态密切相关，从而该组控制变量的主要作用在于对同时影响企业年金需求和员工效率的因素进行控制。

　　我们暂以完整估计模型即第5列估计结果为基准进行实证分析。

主要解释变量员工效率 Productivity 的估计系数在 1% 的检验水平下显著为正，说明其他条件相同的情况下，员工的效率越高，参加企业年金的需求越强烈，从而证实了企业年金作为长效激励机制的"甄别效应"。

此外，模型中其他控制变量对企业年金的影响方向和显著性与预期及已有经验文献基本一致。员工工龄 Seniority 的估计系数在 5% 的检验水平下显著为正，员工职务 Position 的估计系数在 1% 的检验水平下显著为正，工作强度 Effort 的估计系数在 5% 的检验水平下显著为负，说明工龄较长、有一定职务且工会组织较强的员工更愿意参加企业年金。自由房产 House 的估计系数在 10% 的检验水平下显著为负，说明房产等预防性储蓄对企业年金需求有替代作用。受教育水平也显著影响员工企业年金需求，特别是高中学历员工参加企业年金的意愿更强烈，因为变量 Senior 的估计系数在 1% 的检验水平下显著为正。员工所在企业是否上市及所有制形式也显著影响其企业年金参保意愿，通过比较相应变量估计系数大小可知，国有和外资企业员工参加意愿最高，其次是集体企业、其他所有制企业，最低为私营企业。员工个人所得税率 Tax 的估计系数不显著，一定程度上说明我国企业年金税收政策优惠力度有限，员工参加企业年金需求有待进一步释放，而从另一角度也表明目前还未造成对企业年金税优动机的过度激励，企业年金甄别效应没有产生扭曲。最后，员工的主要人口学和家庭情况大多没有明显影响其企业年金参保意愿，只有兄弟姐妹情况 Only 的估计系数在 5% 的检验水平下显著，说明由于缺乏来自家族方面的经济支持而面临较大养老风险，独生子员工参加企业年金的意愿较强。

2. 工具变量 Probit 模型实证结果分析。企业年金"甄别效应"工具变量 Probit 模型的估计结果见表 5.4。其中模型（1）～模型（3）为依次加入控制变量后的回归结果，模型（4）则为完整估计模型。

表 5.4　　甄别效应工具变量 Probit 模型估计结果

检验方法	模型（1） IV Probit		模型（2） IV Probit		模型（3） IV Probit		模型（4） IV Probit	
解释变量	Productivity	Pension	Productivity	Pension	Productivity	Pension	Productivity	Pension
Productivity		0.100*** (59.52)		0.0963** (2.31)		0.0957*** (2.71)		0.0916** (2.03)
Health	0.152* (1.61)		0.397* (1.69)		0.466* (1.87)		0.477* (1.91)	
Seniority			0.0168 (-0.44)	0.188** (-2.56)	0.0133 (-0.43)	0.168** (-2.17)	0.0108 (-0.36)	0.160** (-2.04)
Seniority²			-0.000225 (-0.21)	-0.00664*** (-2.92)	-0.0000826 (-0.10)	-0.00582** (-2.42)	-0.000081 (-0.10)	-0.00537** (-2.22)
Title			0.0812 (-0.46)	0.812' (-1.51)	0.0651 (-0.4)	0.878 (-1.57)	0.0827 (-0.53)	0.613 (-1.09)
Position			-0.111 (-0.34)	3.319*** (-5.43)	-0.091 (-0.30)	3.320*** (-5.27)	-0.0126 (-0.03)	3.359*** (-5.29)
Time			-0.0000561 (-0.43)	-0.000594** (-2.40)	-0.0000557 (-0.42)	-0.000714*** (-2.64)	-0.000069 (-0.46)	-0.000743*** (-2.74)
Tax			-2.638 (-0.98)	39.82*** (-8.59)	-2.378 (-1.06)	36.61*** (-7.31)	-2.07 (-0.83)	34.85*** (-6.87)

	模型 (1)	模型 (2)		模型 (3)		模型 (4)	
House		-0.104 (-0.80)	0.026 (-0.05)	-0.206 (-1.26)	0.236 (-0.39)	-0.236 (-1.16)	0.0235 (-0.04)
Sex		0.0803 (-0.96)	-0.437 (-1.05)	0.0997 (-1.17)	-0.695 (-1.58)	0.129 (-1.32)	-0.647 (-1.39)
Race		-0.0958 (-0.28)	-1.267 (-0.97)	-0.299 (-0.79)	-0.292 (-0.19)	-0.264 (-0.68)	-0.433 (-0.29)
Local		0.0142 (-0.1)	0.0993 (-0.14)	-0.00154 (-0.01)	0.486 (-0.64)	-0.0103 (-0.06)	0.441 (-0.59)
Rural		-0.0976 (-0.55)	-0.499 (-1.01)	-0.077 (-0.44)	-0.714 (-1.32)	-0.11 (-0.54)	-0.7 (-1.27)
Marriage		-0.261 (-1.28)	0.544 (-0.69)	-0.282 (-1.52)	0.886 (-1.09)	-0.246 (-1.34)	0.818 (-1)
Senior		0.199 (-1.57)	-0.497 (-1.03)	0.225 (-1.48)	-0.332 (-0.65)	0.276 (-1.52)	-0.346 (-0.68)
University		-0.45 (-1.20)	6.028*** (-7.56)	-0.367 (-1.30)	4.927*** (-5.74)	-0.342 (-1.13)	4.638*** (-5.27)
Head		-0.00718 (-0.19)	0.119 (-0.66)	0.0223 (-0.55)	-0.0699 (-0.36)	0.0381 (-0.79)	-0.0372 (-0.19)
Only		0.203 (-1.2)	-0.423 (-0.60)	0.293 (-1.29)	-0.277 (-0.37)	0.338 (-1.2)	-0.0247 (-0.03)

续表

	模型 (1)		模型 (2)		模型 (3)		模型 (4)	
List			0.252 (−0.79)	0.861 (−1.41)	0.159 (−0.7)	0.837 (−1.31)	0.187 (−0.65)	1.144* (−1.74)
Owner1			−0.169 (−0.42)	−1.976** (−2.09)	−0.0842 (−0.24)	−2.399** (−2.41)	−0.116 (−0.34)	−1.953* (−1.93)
Owner2			−0.495 (−0.95)	−1.019* (−1.67)	−0.441 (−0.92)	−1.416** (−2.14)	−0.514 (−1.11)	−0.692 (−1.00)
Owner3			−0.152 (−0.28)	−3.124** (−2.43)	0.042 (−0.09)	−3.965*** (−2.93)	−0.0238 (−0.06)	−3.118** (−2.27)
Owner4			−0.678 (−1.39)	1.026 (−0.88)	−0.522 (−1.20)	0.271 (−0.22)	−0.56 (−1.41)	1.001 (−0.81)
Industry	no		no		yes		yes	
Province	no		no		no		yes	
Constant	2.449*** (3.89)	−0.660 (−1.02)	0.460 (0.33)	−0.831 (−1.52)	2.136 (1.26)	−1.073** (−2.08)	1.414 (0.78)	−1.187* (−1.81)
样本量	2432		1992		1875		1850	
Wald χ^2	3542.41		825.34		908.20		745.66	
Pseudo R^2								

注：表中括号内数值为相应估计系数的稳健标准差；***、**、* 分别代表 1%、5%、10% 的显著性水平；yes/no 分别表示模型中加入/未加入相应控制变量组。

模型（1）为未加入控制变量的工具变量 Probit 模型检验结果。在第一步对员工生产效率 *Productivity* 的估计方程中，工具变量 *Health* 的系数在 10% 检验水平下显著为正，说明员工越健康，其工作效率越高。在第二步对员工是否加入企业年金的估计方程中，核心解释变量 *Productivity* 的系数在 1% 检验水平下显著为正，说明员工效率越高，其加入企业年金的意愿越强烈。模型（2）为加入员工特征控制变量后工具变量 Probit 模型检验结果。在第一步对员工生产效率 *Productivity* 的估计方程中，工具变量 *Health* 的系数显著性略有提高，数值有所上升，说明其对员工生产效率 *Productivity* 的解释作用增强。而在第二步对员工是否加入企业年金的估计方程中，核心解释变量 *Productivity* 的系数虽然显著性有所下降，大小也略有减小，但其依然在 5% 检验水平下显著为正。模型（3）和模型（4）在依次加入员工所在行业和地区控制变量组后，相关变量系数的显著性和大小均未发生较大变化，说明模型具有较高的稳健性。综上，员工健康水平能够显著提高生产效率，是比较适合的工具变量。而员工的生产效率确实正向影响其是否加入企业年金的积极性，说明企业年金可以有效甄别员工的生产效率，通过员工的"自选择"为企业甄别出哪些是高效率的员工，哪些是低效率员工，从而为有效激励员工奠定基础。

通过比较前后两表的模型（4），简单 Probit 模型和工具变量 Probit 模型两种估计方法得出的估计结果仍有一定差异，特别是在核心解释变量 *Productivity* 的系数显著性和数值大小上。可以明显地看出，简单的 Probit 模型相对低估了企业年金的"甄别效应"。

此外，模型中其他控制变量对企业年金的影响方向和显著性与预期及已有经验文献基本一致。员工工龄 *Seniority* 的估计系数在 5% 的检验水平下显著为正，其二次项在 5% 检验水平下显著为负，员工职务 *Position* 的估计系数在 1% 的检验水平下显著为正，工作时间 *Time* 的估计系数在 5% 的检验水平下显著为负，说明工龄较长、有一定职务且工会组织较强的员工更愿意参加企业年金。员工个人所得税率 *Tax* 的估计系数显著为正，说明在我国对企业年金采用税收优惠政策能够激励员工加入企业年金。自由房产 *House* 的估计系数在 10% 的检验水平下显著为负，说明房产等预防性储蓄对企业年金需求有替代作用。受教育水平也显著影响员工企业年金需求，特别是高中学历员工参加企业年金的意愿更强烈，因为变量 *Senior* 的估计系数在 1% 的检验水平下显著为正。员工所在企业是否上市及所有制形式也显著影响其企业年金参保意愿，通过比较相应变量估计系数大小可知，国有和外资企业员工参加意愿最高，其次是集体企业、其他所有制企业，最低为私营企业。最后，员工的主要人口学和家庭情况大多没有明显影响其企业年金参保意愿，只有兄弟姐妹情况 *Only* 的估计系数在 5% 的检验水平下显著，说明由于缺乏来自家族方面的经济支持而面临较大养老风险，独生子员工参加企业年金的意愿较强。

（二）甄别效应的内在机制

上文已经充分论证了高效率员工更可能加入企业年金计划，而为了系统检验企业年金"甄别效应"的有效性，还需对企业年金整体运行机制做进一步分析。企业年金的甄别机制主要分为两个阶段：第一阶段，在企业公布年金计划实施方案后，员工根据自身特点决定是否参加企业年金计划；第二阶段，企业根据实施方案和员工特点，对参加企业年金计划的员工给予相应的年金匹配。因此以下将验证：第一，员工进行企业年金参与决策的路径，即高效率员工由于具有较低的未来效用贴现率而加入企业年金；第二，对于加入企业年金的员工，企业是否给予了有效的年金匹配。

员工未来效用贴现率是一个难以直接观察和衡量的因素，因此在企业年金实证检验中鲜有出现。2012 年中国家庭金融调查（CHFS）在假设当前利率为 0 且不考虑物价上涨因素下，考察受访者在明天得到 1000 元和一年以后得到 1100 元之间如何进行选择，恰好为我们提供了员工未来效用贴现率的衡量标准。本文设定员工未来效用贴现率为二元虚拟变量，用 Beta 表示，如果员工选择一年以后得到 1100 元，表明其未来贴现率较低，则 Beta = 1，而如果员工选择明天得到 1000 元，表明其未来效用贴现率较高，则 Beta = 0。

采用效率（Productivity）—未来效用贴现率（Beta）—企业年金选择（Pension）的两部回归来检验员工进行企业年金参与决策的路径。由于未来效用贴现率（Beta）和企业年金选择（Pension）为二元虚拟变量，该模型为二元 Probit 模型。实证结果见表 5.5，结果表明，高效率员工具有较低的未来效用贴现率，稳定倾向强烈，因此更愿意参加企业年金计划。

表 5.5　　　　　　　　二元 Probit 模型回归结果

模型	样本量	第一部		第二部		控制变量	Wald χ^2
		被解释变量 解释变量	Beta 系数	被解释变量 解释变量	Pension 系数		
模型（1）	2250	Productivity	0.0016 * (0.0010)	Beta	2.2607 *** (0.0731)	同表 5.3 模型（1）	4055.29
模型（2）	2234	Productivity	0.0017 * (0.0010)	Beta	2.2379 *** (0.1053)	同表 5.3 模型（2）	3047.83
模型（3）	2253	Productivity	0.0010 (0.0010)	Beta	2.2715 *** (0.0625)	同表 5.3 模型（3）	5130.92
模型（4）	2270	Productivity	0.0019 * (0.0010)	Beta	2.2224 *** (0.1089)	同表 5.3 模型（4）	2827.74
模型（5）	2234	Productivity	0.0017 * (0.0010)	Beta	2.2383 *** (0.1052)	同表 5.3 模型（5）	3031.14

对于企业是否给予员工有效的年金匹配，由于员工加入年金是先决条件，因此需要对参加企业年金的子样本员工进行分析。被解释变量为企业上个月对参加企业年金的员工的匹配金额，用 Match 表示。而若直接划分子样本并运用 OLS 法估计，会由于样本选择偏差而产生内生性问题（Heckman，1979），因此，采用 Heckman 样本选择模型重新估计子样本。此外，员工基本面及家庭情况并不在企业进行匹配的考虑因素中，这些控制变量应在企业匹配方程中剔除，而依然保留在选择方程中，满足了选择方程至少比企业匹配方程多一个解释变量的

模型设定要求。Heckman 样本选择模型回归结果见表 5.6。从回归结果分析，企业年金匹配主要考察员工的工龄、职称、努力程度和学历，工龄越长、技术水平越高、工作越努力、学历越高的员工获得的年金匹配越高。员工性别和企业性质估计系数不显著，说明企业年金匹配不存在性别歧视和企业差异。效率变量的估计系数也是不显著的，原因有两个：首先，企业在进行年金匹配时不再直接考量员工的工作效率与员工的工作效率不易观察和考量有关，相比之下员工的工龄、职称、努力程度和学历等作为员工效率的代理指标要容易获取和量化；其次也是最重要的，企业年金机制具有"甄别效应"，之前的模型和表5.6 的选择方程已经表明，企业年金机制在员工进行参加决策的第一阶段就能自动甄别出高效率员工，因此，企业甄别高效率员工的程序通过企业年金机制被前置了。

表 5.6 Heckman 选择模型回归结果

被解释变量	选择方程 Pension		匹配方程 Match	
变量	系数	标准差	系数	标准差
Productivity	0.0172 ***	(0.0056)	1.7592	(1.5406)
Seniority	0.0433	(0.0324)	22.8182 *	(13.2135)
Seniority^2	−0.0010	(0.0009)	−0.4470	(0.3523)
Title	0.2038	(0.1738)	130.5695 **	(66.0087)
Position	0.3973 **	(0.1938)	3.4027	(81.8235)
Effort	−0.0002 *	(0.0002)	0.1737 **	(0.0757)
Tax	1.9908	(1.2887)		
Sex	−0.0841	(0.1732)	−13.7688	(56.3880)
Race	−0.2605	(0.4886)		
Local	0.1754	(0.3504)		
Rural	−0.6628 **	(0.3066)		
Marriage	−0.2803	(0.3212)		
Senior	0.3309 *	(0.1894)	152.3499 **	(71.5367)
University	−0.2150	(0.2716)	395.1208 ***	(95.2241)

被解释变量	选择方程		匹配方程	
	Pension		Match	
变量	系数	标准差	系数	标准差
Head	0.0910	(0.0885)		
Only	0.7676 ***	(0.2451)		
List	0.4548 **	(0.1899)	−42.4479	(72.5362)
Owner1	−0.2704	(0.2802)	−127.8408	(104.7243)
Owner2	−0.9537 ***	(0.2468)	116.1839	(164.2946)
Owner3	−0.7702 *	(0.4296)	−34.1819	(285.6694)
Owner4	−7.8202	(764.3136)		
Industry	yes		yes	
Province	yes		yes	
Lambda			−244.9272 *	148.0134
Wald χ^2			439.63	

二、企业年金的"激励效应"实证结果

(一) 企业年金的"激励效应"

1. 左端归并 Tobit 模型实证结果分析。Tobit 模型回归结果见表 5.7。其中,模型 (1) 为一元回归,结果显示,在未控制任何协变量的情况下,平均处理效应为 19.7663,即参加企业年金平均能使员工效率提高 19.7663 个单位 (元/小时),且在 1% 水平上显著。由于可能存在选择偏差,且模型 (1) 的解释能力很低 (Pseudo R^2 仅为 0.0179),此结果并不可信。因此,模型 (2) 中加入了所有可选协变量进行更为可信的多元回归。加入协变量后,平均处理效应降为 7.3799,仍在 1% 水平上显著。而在协变量中,工龄 (Seniority) 及其二次项、职位 (Position)、农业户口 (Rural)、大学以上学历 (University) 以及上市企业 (List) 均在 1% 水平上显著,职称 (Title)、劳动强度 (Effort)、性别 (Sex) 在 5% 水平上显著,民营企业 (Owner2) 在 10% 水平上显

著，各变量系数估计符号与经典研究结论一致。模型（3）将极不显著变量剔除进行多元回归，模型（2）中显著变量的显著性和符号未发生明显变化，说明该模型估计较为稳定。而模型（3）的样本量有所提高，且年龄（Age）和健康状况（Health）由模型（2）中的不显著分别变为在 1% 和 5% 水平下显著，解释能力有所提高。

表 5.7 　　　　　　　　　　　Tobit 模型回归结果

变量	模型（1）		模型（2）		模型（3）	
	系数	稳健标准差	系数	稳健标准差	系数	稳健标准差
Pension	19.7663 ***	(1.4397)	7.3799 ***	(2.2799)	8.2395 ***	(2.0021)
Seniority			0.7204 ***	(0.1896)	0.6031 ***	(0.1580)
$Seniority^2$			− 0.0185 ***	(0.0055)	− 0.0149 ***	(0.0045)
Title			2.4301 **	(1.0991)	2.9619 ***	(0.9843)
Position			6.4720 ***	(1.5221)	6.2320 ***	(1.3719)
Effort			− 0.0012 **	(0.0006)	− 0.0012 **	(0.0005)
Income			− 0.00001	(0.00001)		
House			1.7057	(1.2336)		
Age			− 0.3829	(0.4220)	− 0.3355 ***	(0.0615)
Age^2			0.0003	(0.0051)		
Sex			− 2.0986 **	(1.0433)	− 2.1407 **	(0.9068)
Race			− 2.8608	(2.4023)		
Local			− 1.0342	(1.5153)		
Rural			− 3.5841 ***	(1.2211)	− 3.3499 ***	(1.0213)
Marriage			1.2275	(1.6386)		
Senior			1.3886	(1.0109)	1.1638	(0.8902)
University			7.5504 ***	(1.9054)	6.4576 ***	(1.5789)
Health			0.8247	(0.5268)	1.0829 **	(0.4724)
Head			0.3538	(0.4475)		
Only			− 0.2974	(1.5209)		
List			4.4632 ***	(1.4158)	3.5265 ***	(1.2508)
Owner1			− 0.8087	(1.9996)	− 1.0625	(1.7470)

续表

变量	模型（1）系数	稳健标准差	模型（2）系数	稳健标准差	模型（3）系数	稳健标准差
Owner2			−2.7271*	（1.4605）	−2.6984**	（1.3100）
Owner3			−1.1043	（3.1833）	−0.5128	（2.8392）
Owner4			1.4291	（3.5203）	1.8438	（2.8757）
Industry	no		yes		yes	
Province	no		yes		yes	
Constant	−11.1938***	（0.6035）	14.0653	（8.7251）	14.2540***	（3.6035）
样本量	2435		1981		2355	
Pseudo R²	0.0197		0.0764		0.0760	
	LR χ²	185.33***	F	2.11***	F	2.59***

注：***、**、*分别代表1%、5%、10%的显著性水平，以下各估计结果表同。

2. 处理效应模型回归结果分析。企业年金"激励效应"的估计结果见表5.8。表中模型（1）~模型（3）为依次加入控制变量后的回归结果，模型（4）则为完整估计模型。

模型（1）为未加入控制变量的处理效应模型检验结果。在第一步对员工是否加入企业年金的估计方程中，工具变量 Tax 的系数在1%检验水平下显著为正，说明员工个人所得税率越高，其加入企业年金的意愿越强烈。在第二步对员工生产效率 $Productivity$ 的估计方程中，核心解释变量 $Pension$ 的系数在1%检验水平下显著为正，说明员工加入企业年金后，其生产效率会得到显著提升。模型（2）为加入员工特征控制变量后处理效应模型检验结果。在第一步对员工是否参加企业年金的估计方程中，工具变量 Tax 的系数虽然显著性有所下降，数值也有所减小，但其依然在1%检验水平下显著为正。而在第二步对员工生产效率 $Productivity$ 的估计方程中，核心解释变量 $Pension$ 的系数显著性与数值也有所下降，但其依然在1%检验水平下显著为正。模型（3）和模型（4）在依次加入员工所在行业和地区控制变量组后，相关变量系数的显著性和大小均未发生明显变化，说明模型具有较高的稳健性。综上，在税收优惠政策下，高所得税率的员工更倾向于加入企业年金，

表5.8　　激励效应估计结果

解释变量	模型（1）Treatment		模型（2）Treatment		模型（3）Treatment		模型（4）Treatment	
检验方法	Pension	Productivity	Pension	Productivity	Pension	Productivity	Pension	Productivity
Pension	4.597*** (3.20)	11.77*** (6.66)		7.522*** (3.99)		7.634*** (3.96)		7.265*** (3.84)
Tax			2.158*** (2.78)		1.922** (2.47)		1.741** (2.25)	
Seniority			0.0676 (2.95)	0.177*** (3.06)	0.0617*** (2.73)	0.132** (2.42)	0.0538** (2.38)	0.127** (2.25)
Seniority²			-0.00132** (-1.97)	-0.00633*** (-3.66)	-0.00104 (-1.56)	-0.00472*** (-2.96)	-0.000860 (-1.27)	-0.00421*** (-2.63)
Title			0.235** (2.05)	1.007* (1.87)	0.227* (1.90)	1.034* (1.95)	0.197 (1.64)	0.814 (1.54)
Position			0.349*** (2.70)	3.384*** (3.47)	0.367*** (2.75)	3.233*** (3.46)	0.441*** (3.16)	3.239*** (3.42)
Time			-0.000208** (-2.34)	-0.000562*** (-4.08)	-0.000228** (-2.35)	-0.000620*** (-4.25)	-0.000238** (-2.42)	-0.000645*** (-4.18)
House			-0.103 (-0.65)	0.116 (0.26)	-0.227 (-1.42)	0.481 (1.06)	-0.275* (-1.70)	0.353 (0.83)

续表

检验方法	模型 (1)		模型 (2)		模型 (3)		模型 (4)	
	Treatment		Treatment		Treatment		Treatment	
解释变量	Pension	Productivity	Pension	Productivity	Pension	Productivity	Pension	Productivity
Sex			-0.00664	-0.661	-0.0177	-0.907**	0.0201	-0.853*
			(-0.06)	(-1.64)	(-0.15)	(-2.17)	(0.17)	(-1.90)
Marriage			-0.205	-1.361*	-0.168	-0.00754	-0.0947	-0.0936
			(-1.00)	(-1.87)	(-0.82)	(-0.01)	(-0.46)	(-0.13)
Local			0.142	-0.182	0.196	0.364	0.146	0.298
			(0.67)	(-0.31)	(0.92)	(0.59)	(0.70)	(0.49)
Rural			-0.437	-0.263	-0.677*	-0.287*	-0.689*	-0.305
			(-1.52)	(-1.07)	(-1.63)	(-1.73)	(-1.68)	(-1.75)
Race			0.0963	0.823	0.279*	1.191*	0.344**	1.071*
			(0.60)	(1.36)	(1.67)	(1.91)	(1.99)	(1.71)
Head			0.196	-0.684*	0.275**	-0.500	0.328**	-0.477
			(1.64)	(-1.90)	(2.14)	(-1.37)	(2.56)	(-1.27)
Only			0.156	7.145***	0.0904	5.647***	0.0377	5.231***
			(0.93)	(4.38)	(0.46)	(3.91)	(0.18)	(3.74)

续表

检验方法	模型（1）		模型（2）		模型（3）		模型（4）	
	Treatment		Treatment		Treatment		Treatment	
解释变量	Pension	Productivity	Pension	Productivity	Pension	Productivity	Pension	Productivity
Senior			-0.357	0.341*	-0.540	0.405**	-0.467	0.387**
			(-1.08)	(1.88)	(-1.37)	(2.19)	(-1.22)	(2.15)
University			-0.00404	0.121	0.00699	-0.0846	0.0301	-0.0544
			(-0.07)	(0.65)	(0.11)	(-0.45)	(0.48)	(-0.28)
Health			0.0569	-0.787	0.0663	-0.763	0.0601	-0.619
			(0.95)	(-0.96)	(1.03)	(-0.96)	(0.93)	(-0.82)
List			0.489***	0.389	0.359***	0.486	0.413***	0.600
			(4.19)	(0.36)	(2.77)	(0.46)	(2.95)	(0.66)
Owner1			-0.525***	-0.821	-0.477**	-1.411	-0.428**	-1.117
			(-2.65)	(-0.88)	(-2.26)	(-1.41)	(-2.06)	(-1.24)
Owner2			-0.872***	-0.344	-0.893***	-0.846	-0.841***	-0.179
			(-6.65)	(-0.48)	(-5.97)	(-1.09)	(-5.26)	(-0.25)
Owner3			-0.642**	-1.405	-0.484	-2.533	-0.372	-1.716
			(-2.13)	(-0.86)	(-1.60)	(-1.48)	(-1.21)	(-1.05)

续表

检验方法	模型 (1) Treatment		模型 (2) Treatment		模型 (3) Treatment		模型 (4) Treatment	
解释变量	Pension	Productivity	Pension	Productivity	Pension	Productivity	Pension	Productivity
Owner4			-0.776** (-2.38)	2.385 (1.12)	-0.707** (-2.09)	1.254 (0.59)	-0.618* (-1.78)	1.873 (0.87)
Industry	no		no		yes		yes	
Province	no		no		no		yes	
Constant	2.252*** (16.97)	1.576*** (10.03)	2.181*** (15.83)	0.0151 (0.00)	2.163*** (15.76)	2.149 (0.61)	2.150*** (15.85)	1.727 (0.51)
Lambda		-0.998* (-1.67)		-0.401*** (-2.44)		-0.488*** (-2.87)		-0.474*** (-2.81)
样本量	2040		1992		1992		1990	
Wald χ^2	44.40		155.13		181.78		222.85	
Pseudo R^2								

注：括号内数值为相应估计系数的稳健标准差；***、**、*分别代表1%、5%、10%的显著性水平；yes/no分别表示模型中加入/未加入相应控制变量组。

Tax 是比较适合的工具变量。而员工是否加入企业年金确实影响其生产效率，员工在加入企业年金后生产效率会进一步得到提升，证实企业年金制度是企业激励员工的有效工具。

通过比较表5.7模型（3）和表5.8模型（4），Tobit模型和处理效应模型两种估计方法得出的估计结果仍有一定差异，特别是在核心解释变量 *Pension* 的系数大小上。可以明显地看出，Tobit模型相对高估了企业年金的"激励效应"。

此外，员工生产效率受到工龄（*Seniority*）及其二次项、职位（*Position*）、职称（*Title*）、工作时间（*Time*）、性别（*Sex*）、户籍（*Rural*）、学历（*University*）以及企业性质（*List*、*Owner*）显著影响，结果与以往研究结论较为一致。

（二）激励效应的作用强度

采用Probit模型估计倾向得分，限于篇幅，Probit模型回归结果在此不进行具体展示。至于倾向得分匹配的方法，使用卡尺内最近邻匹配法：寻找倾向得分最近的 k 个不同组个体，同时限制倾向得分的据对距离 $|p_i - p_j| \leq \varepsilon$。按照一般建议 $\varepsilon \leq 0.25 \, \hat{\sigma}_{pscore}$（其中 $\hat{\sigma}_{pscore}$ 为倾向得分的样本标准差），本模型中，$\hat{\sigma}_{pscore} = 0.1330$，$0.25 \, \hat{\sigma}_{pscore} \approx 0.03$，为保守起见，将卡尺范围定为0.01。再设定 k = 3，即对倾向得分相差1%的观测值进行一对三匹配。此外，为减少样本损失，进行有放回匹配，且允许并列。

匹配结果如表5.9所示。在总共2000个样本中，控制组共有339个不在共同取值范围中，处理组共有2个不在共同取值范围中，其余1659个观测值均在共同取值范围中。本次倾向得分匹配损失样本较少。

表5.9　　　　　　　　　　　倾向得分匹配结果

分组	不在共同取值范围	在共同取值范围	合计
控制组	339	1522	1861
处理组	2	137	139
合计	341	1659	2000

如果倾向得分估计得较准确，则应使协变量在匹配后的处理组与控制组之间分布较均匀，一般要求标准化偏差不超过 20%，且 t 检验接受两组均值相等的原假设。如表 5.10 所示，匹配后大多数变量的标准化偏差大幅缩小，所有协变量标准化偏差均小于 15%，且 t 统计量不显著，说明匹配方法与变量的选择较为恰当，实现了数据均衡。

表 5.10　　　　　　　　　　　数据平衡检验

变量	均值		标准偏差（%）	标准偏差减少幅度（%）	t 统计量	相伴概率 p > t
	处理组	控制组				
Seniority	14.912	14.218	7.6	87.1	0.62	0.539
Seniority^2	309.92	287.18	7.7	83.6	0.61	0.540
Position	0.30657	0.33942	−8.0	81.4	−0.58	0.563
Time	1988.5	1947.9	5.7	87.9	0.65	0.517
Tax	0.04238	0.04955	−14.4	78.0	−0.69	0.490
House	0.81022	0.80292	1.8	74.8	0.15	0.879
Age	38.058	38.187	−1.5	94.3	−0.13	0.894
University	0.27737	0.28832	−2.9	94.4	−0.20	0.841
Health	2.4307	2.3686	7.4	−19.9	0.62	0.535
Marriage	0.89051	0.92518	−11.9	−19.9	−0.99	0.323
Head	3.1241	3.1636	−3.5	88.5	−0.32	0.749
List	0.48175	0.49392	−2.8	96.6	−0.20	0.841
*Owner*1	0.06569	0.05839	3.1	17.7	0.25	0.803
*Owner*2	0.14599	0.13139	3.5	97.3	0.35	0.728
*Owner*3	0.0365	0.06083	−13.8	−203.0	−0.93	0.351
*Owner*4	0.0292	0.0438	−8.2	−102.1	−0.64	0.521

参加企业年金平均处理效应（ATT）估计结果见表 5.11。卡尺内最近邻匹配法进行一对三匹配结果显示，参加企业年金的员工组（即处理组）平均工作效率为 11.1149 个单位（元/小时），而未参加企业年金的员工组（即控制组）仅为 5.3181 个单位（元/小时），因此参加企业年金平均处理效应为 5.7968 个单位（元/小时），且在 1% 检验水平下显著。结果表明，企业年金能够显著提高员工效率。

表5.11   平均处理效应（ATT）

方　法	处理组	控制组	处理效应	标准差
卡尺内最近邻匹配法（k = 3）	11. 1149	5. 3181	5. 7968 **	2. 2830
卡尺内最近邻匹配法（k = 2）	11. 1149	4. 9277	6. 1871 **	2. 3906
卡尺内最近邻匹配法（k = 1）	11. 1149	3. 4851	7. 6298 ***	2. 3979
k 近邻匹配（k = 3）	11. 1149	5. 4293	5. 6856 **	2. 2700
卡尺匹配	11. 1149	3. 4851	7. 6298 ***	2. 3979
核匹配	11. 1149	5. 4541	5. 6610 ***	2. 0671
局部线性回归匹配	11. 1149	5. 3790	5. 7359 **	2. 3979
样条匹配	11. 1149	5. 1782	5. 9367 **	2. 3908

注：*** 、** 、* 分别代表1% 、5% 、10%的显著性水平。

为检验匹配结果的稳健性，首先在卡尺内最近邻匹配法内改变匹配比例，即将一对三匹配换为一对二匹配和一对一匹配，再改用 k 近邻匹配、卡尺匹配、核匹配、局部线性回归匹配、样条匹配等多个匹配方法重新进行匹配，匹配结果见表5.11。通过比较我们发现，不同方法得到的平均处理效应估计结果比较相近，且高度显著，说明使用倾向得分匹配方法得到的结论是可信的。

第三节　小　结

信息不对称下企业很难甄别和激励员工效率，这一直是人力资源管理的重要议题。相比于股权等其他长效激励机制，企业年金具备"甄别效应"和"激励效应"可以有效甄别员工类型、提高员工效率。选用2012年中国家庭金融调查企业在职员工数据，系统检验企业年金的双重效应及其激励机制，得出以下结论：

1. 通过选取员工健康状况作为生产效率的工具变量，构建工具变量 Probit 模型进行实证检验，结果表明高生产率员工更倾向加入企业年金，证实企业年金具有"甄别效应"。

2. 通过建立加入企业年金对提升员工生产效率的处理效应模型，

结果表明参加企业年金的处理组员工和与未参加企业年金的对照组员工相比，生产效率更高，说明企业年金能够有效提高员工生产率，证实企业年金具有"激励效应"。

3. 将员工主观贴现率加入"甄别效应"模型，我们实证检验了企业年金具体的甄别机制。具有较高生产效率的员工普遍具有较低的主观贴现率的特点，他们更加看重未来价值，因而加入企业年金的意愿更强烈，这种自选择行为就更构成了企业年金特有的甄别机制。

4. 将加入企业年金的员工作为处理组，利用倾向得分匹配方法匹配出与之特征最接近的未参加企业年金的员工，并计算两者生产效率的平均差异。计算结果表明，参加企业年金后，员工的生产效率在4.8236个单位基础上提升到11.6262个单位，提升了近7个单位，增幅约140%。

5. 员工企业年金参加意愿与其个人所得税率显著相关，且在不同所有制企业间差异非常显著，国有企业要高出其他所有制企业许多，私营个体企业意愿最低。这一方面说明我国企业年金税收优惠政策的激励作用潜力巨大，另一方面目前的企业年金产品设计集中针对国有大中型企业的单一年金计划，而缺乏适合中小民营企业的集合年金计划的设计开发。

6. 员工工作效率起先随工龄提高，到达峰值后随工龄增加而下降；有一定职称和职务、工作时间较少、年轻、男性、非农业户口、已婚、高学历、身体健康的员工比同组其他员工工作效率更高。

第六章

企业年金决策外部影响因素

第一节 模型、变量设定与数据描述

一、理论模型

（一）企业年金的税收优惠效应

首先做如下假设：

1. 企业所面临的实际所得税率是分段累进的，将其简化为：

$$\alpha = \alpha(\pi) = \begin{cases} \underline{\alpha}, \pi < \tilde{\pi} \\ \overline{\alpha}, \pi \geq \tilde{\pi} \end{cases} \tag{6.1}$$

其中 α 为实际所得税率，π 为企业应税利润，$\underline{\alpha} < \overline{\alpha}$；

2. 企业年金中企业缴费部分在一定限额内税前列支，即：

$$\pi = \Pi - \min\left\{\overline{\Pi}, \sum_{i=1}^{L} P_{it}\right\} \tag{6.2}$$

其中 Π 为企业利润，$\overline{\Pi}$ 为企业缴费部分税前列支限额，P_{it} 为企业在 t 期划拨到员工 $i(i=1, 2, \cdots, L)$ 的年金个人账户的金额，L 为企业年金的参保人数。

3. 简单假设由于缴费部分税前列支使企业的应税利润 $\tilde{\pi}$ 以上下降

为 $\tilde{\pi}$ 以下，进而所面临的所得税率由 $\bar{\alpha}$ 降为 $\underline{\alpha}$。

做年金计划决策的企业面临着一个选择：一是采用企业年金方式，每期划拨一定资金到员工企业年金基金个人账户，通过投资保值增值，供员工退休时领取；二是不采用企业年金方式，即员工工作期间企业并不定期划拨资金到其年金个人账户进行累积，而是在员工退休时一次性提取与上述企业年金个人账户积累额等值的资金给员工。二者由于各种原因为企业带来成本差异，则企业根据成本最小化目标在是否采用企业年金方式进行选择。

假设对于一个员工，其工作期间为 t（$t=0$，1，2，$\cdots$，n）。首先考虑企业在 $t=0$ 时选择企业年金方式。企业在 t 期划拨到该员工年金个人账户的金额为 P_t，并以每期投资收益率（R）积累，则该员工在退休时（$t=n$）可以领取的企业年金累积金额（A）等于：

$$A = \sum_{t=0}^{n} P_t (1+R)^{n-t} \tag{6.3}$$

企业提取资金建立企业年金基金的成本（C_p）为：

$$C_p = \sum_{i=1}^{L} \sum_{t=0}^{n} \left[(1-\bar{\alpha})(1+\beta)P_{it} - (\bar{\alpha}-\underline{\alpha})\pi_t \right] (1+r)^{n-t} \tag{6.4}$$

其中 β 表示企业年金的管理成本率。假设每期企业年金缴费部分并未达到税前列支限额，则企业在 t 期为一个员工建立企业年金耗费的成本为 $(1-\bar{\alpha})(1+\beta)P_t$，包括提取的资金数额以及提取企业年金后所产生的税收优惠和管理费用。此外，企业仍能获得因所得税率下降所带来的税收收益。假设市场利息率为 r，鉴于目前企业年金投资受到比较严格的监管，在这里假设市场利息率为（r）与企业年金投资收益率（R）不同。

接下来考虑企业不选择企业年金方式的情况。企业须在员工退休时（$t=n$）一次性提取与式（6.1）企业年金个人账户累积额等值的资金，假设这笔资金已经超出企业缴费部分税前列支限额，这时企业所面临的成本（C_u）为：

$$C_u = \sum_{i=1}^{L} \sum_{t=0}^{n} P_{it} (1+R)^{n-t} - \overline{\alpha}\overline{\Pi}_n - (\overline{\alpha} - \underline{\alpha})\pi_n \qquad (6.5)$$

我们可以进一步将其变形为：

$$C_u = \sum_{i=1}^{L} \sum_{t=0}^{n} P_{it} (1+R)^{n-t} - (\overline{\alpha} - \underline{\alpha})\pi_t (1+r)^{n-t} + Z \qquad (6.6)$$

其中，

$$Z = \sum_{t=0}^{n} (\overline{\alpha} - \underline{\alpha})\pi_t (1+r)^{n-t} - \overline{\alpha}\overline{\Pi}_n - (\overline{\alpha} - \underline{\alpha})\pi_n \qquad (6.7)$$

$Z(Z>0)$ 则表示因实际所得税率累进效应所致不能实现的收益。

通过逐项比较 C_p 和 C_u，可以发现，当满足下列条件时，$C_p < C_u$，企业会选择企业年金方式：

$$(1-\overline{\alpha})(1+\beta)r < R \qquad (6.8)$$

即：如果企业面临实际所得税率（α）越高，市场实际利率（r）越低，且企业年金的管理成本率（β）足够小，则越有可能小于企业年金投资收益率（R），进而满足上式条件。根据 Ghilarducci 和 Terry（1999）提出的观点，企业年金管理存在规模经济，可以用企业年金的参保人数（L）表示企业规模，则企业年金的管理成本率（β）可以表示为企业年金的参保人数（L）的函数：$\beta = \beta(L)$，并且$\beta'(L) < 0$。

（二）企业年金与其他激励机制的替代效应

企业长效激励机制可视为来自企业的人力资本投资，主要包括股权激励和企业年金，即：

$$h_t \equiv M_t + C_t \qquad (6.9)$$

其中，I_t 为人力资本投资，M_t 为股权激励，C_t 为企业年金。

企业年金与生产效率和人力资本存量密切相关，可表示为：

$$C_t = c(\mu_{t-1})H_{t-1}, c' > 0 \qquad (6.10)$$

其中 H_t 表示人力资本存量，μ_t 表示生产效率，这里假设 $c(\cdot)$ 是非线性的，生产效率程度过低和过高时边际企业年金都相对较低，随着生产效率提升企业年金增长缓慢，而在生产率过低和过高之间的一段区间内边际企业年金较大，随着生产效率提升企业年金增长迅速。

股权激励是在生产效率低到一定程度时发生的，假设高管人数为 n，对高管 i 的股权激励为 θ_i，进行股权激励时的生产效率为 μ^*，则高管股权可以表示为：

$$M_i^n = \begin{cases} \theta_i & \mu \leqslant \mu^* \\ 0 & \mu > \mu^* \end{cases} \qquad (6.11)$$

假设股权激励的高管人数为 m，则股权激励为：

$$M^n = \sum_{i=1}^n M_i^n = \sum_{i=1}^m \theta_i \qquad (6.12)$$

为了说明股权激励 M 与生产效率 μ 的关系，假设存在常数 μ_1、μ_2（$\mu_1 > \mu_2$），使股权激励表示为：

- $M^n = 0$，当 $\mu > \mu_1$ 时；

- $\partial M^n / \partial \mu \leqslant 0$，且 $M^n \leqslant \sum_{i=1}^m \theta_i$，当 $\mu_2 < \mu < \mu_1$ 时；　(6.13)

- $M^n = \sum_{i=1}^m \theta_i$，当 $\mu < \mu_2$ 时。

进一步 M^n 为平滑的、连续的，将 M_t 表示为与式（6.2）一样的形式：

$$M_t = m(\mu_{t-1}) H_{t-1} \qquad (6.14)$$

其中，$m(\mu_{t-1}) \equiv M_t / H_{t-1}$，由式（6.14）可知 $m(\cdot)$ 也是非线性的。

自此，就可以将人力资本投资表示为生产效率和人力资本存量的函数：

$$h_t = (c(\mu_{t-1}) + m(\mu_{t-1}))H_{t-1} \qquad (6.15)$$

人力资本激励函数见图 6.1。

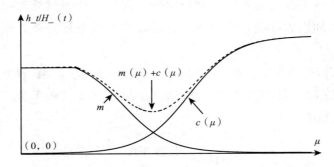

图 6.1　人力资本激励函数

将企业生产效率 μ 定义为实际人均生产水平 y 与潜在人均生产水平 y^p 的比：

$$\mu_t = y_t / y_t^p \qquad (6.16)$$

$$y_t = \frac{1}{\varphi} \cdot k_t^{1-\alpha} \cdot h_t^{\alpha} \qquad (6.17)$$

$$y_t^p = \frac{1}{\tau} \cdot k_t^{1-\alpha} \cdot H_t^{\alpha} \qquad (6.18)$$

为讨论需要，假设 $\alpha = 1$。

此外，人力资本存量表示为上一期折旧后的人力资本存量与本期人力资本投资的和：

$$H_t = (1-\delta)H_{t-1} + h_t \qquad (6.19)$$

令 λ_t 表示为人力资本存量的增长率，则 $H_t = (1+\lambda_t)H_{t-1}$，将其代入式（6.18），得到 $y_t^p = (1+\lambda_t)H_{t-1}/\tau$，将其连同式（6.17）代入式（6.16），得到：

$$\mu_t = \frac{h_t/\varphi}{(1+\lambda_t)H_{t-1}/\tau} \qquad (6.20)$$

由式（6.19）及式（6.16）、式（6.17）、式（6.18）得到：

$$\lambda_t = -\delta + h_{t-1}/H_{t-1} = -\delta + (\varphi/\tau)\mu_{t-1} \qquad (6.21)$$

由式（6.21）可知，人力资本存量增长率λ_t取决于生产效率μ_t，因此可以把人力资本存量增长率λ_t的均衡状态分析转化为生产效率μ_t的均衡状态分析。

将式（6.15）和式（6.21）代入式（6.20），即可得到：

$$\mu_t = \frac{c(\mu_{t-1}) + m(\mu_{t-1})}{(\varphi/\tau)(1-\delta) + (\varphi/\tau)^2\mu_{t-1}} \qquad (6.22)$$

令$\mu_t = \mu_{t-1} = \overline{\mu}$，$\overline{\mu}$即为稳定点，则式（6.22）转化为形如$h(\overline{\mu}) = F(\overline{\mu})$的等式，其中：

$$h(\mu) = c(\mu) + m(\mu) \qquad (6.23)$$
$$F(\mu) = (\varphi/\tau)(1-\delta)\mu + (\varphi/\tau)^2\mu^2 \qquad (6.24)$$

式（6.23）即为人力资本激励函数，而式（6.24）为生产效率μ的二次函数，根据两函数画出图形的交点就是可能存在的稳定点$\overline{\mu}$。

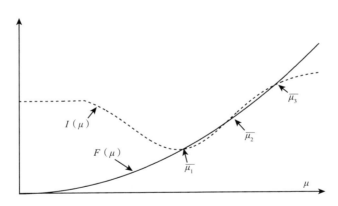

图6.2　长效激励的稳态均衡

如图6.2所示，可以发现有三个不动点$\overline{\mu_1}$、$\overline{\mu_2}$和$\overline{\mu_3}$，其中$\overline{\mu_2}$为非稳定不动点，因为如果μ_t的初始值位于区间$(\overline{\mu_2}, +\infty)$内，它将逐渐趋近于$\overline{\mu_3}$，而如果它的初始值位于$[0, \overline{\mu_2})$内，其轨迹将趋近于

$\bar{\mu}_1$。只有 μ_t 的初始值恰好位于刀刃 $\bar{\mu}_2$ 上，其轨迹将停留在点 $\bar{\mu}_2$ 上。$\bar{\mu}_1$ 和 $\bar{\mu}_3$ 是稳定不动点。模型表明在高管股权和企业年金存在替代效应的假定条件下，企业可以实现二者的混合均衡，实现企业人力资本的有效激励。

二、计量模型与变量设定

综合本书构建的理论模型和以往学者研究成果，关于企业年金决策，提出如下基本假设：

基本假设（1）（税收优惠效应）企业缴税越高，越有可能采用企业年金。企业实际所得税率与企业年金规模正相关；

基本假设（2）（其他激励机制替代效应）高管持有公司股权的比例越低，越有可能采用企业年金。高管持有公司股权的程度与企业年金融资水平预期负相关。

基于以上基本假设以及以往文献研究，以企业年金密度 *PEN-SION DENSITY* 作为被解释变量，以企业实际所得税率 *Tax*、企业规模 *Scale* 和表示作为主要解释变量，构建如下左端审查 Tobit 计量模型：

$$Pension\ Density_i = \begin{cases} Pension\ Density_i^*, & Pension\ Density_i^* > 0 \\ 0, & Pension\ Density_i^* \leq 0 \end{cases}$$

$$(6.25)$$

$$Pension\ Density_i^* = c + \alpha_1 \cdot Tax_i + \alpha_2 \cdot Stock_i + \beta \cdot CV$$
$$+ \gamma \cdot I + \theta \cdot J + \mu_i \qquad (6.26)$$

$$\mu_i \sim N(0, \sigma^2) \qquad (6.27)$$

实际所得税率的计算方式应为所得税除以利润，在两者都非负时这种计算方式能够衡量企业的所得税负担。但是，企业经营不佳就会出现亏损，即利润为负，而税收政策不对称性导致亏损企业同样要缴纳所得税，由此计算出的实际所得税率符号为负，与其他企业正的所得税率相比并不表示该企业的所得税负担轻。此外，利润为正、所得税为负进而实际所得税率为负以及利润为负、所得税为负进而实际所得税率为正的情况也时有发生，极易出现理解混淆，所以上述计算方式存在漏洞。因此，本书改以所得税除以企业营业收入作为实际所得税率的计算方式。

由于被解释变量定义为人均企业年金这一密度概念，为避免内生关系造成估计系数有偏及符号与预期不符，该模型中将用企业总资产代替在职员工总数作为代表企业规模的变量。杠杆率 leverage、实际利息率 interest 分别代表了企业的偿债能力和信贷约束，综合体现企业所面临的外部融资环境。向量 *CV*、向量 *I* 和向量 *J* 为影响企业年金决策的控制变量集合，其所包括的变量设置如下：

第一个变量为企业规模 *Scale*。根据 Ghilarducci 和 Terry（1999）提出的观点，企业年金管理存在规模经济，可以用企业年金的参保人数（*L*）表示企业规模，则企业年金的管理成本率（β）可以表示为企业年金的参保人数（*L*）的函数：$\beta = \beta(L)$，并且 $\beta'(L) < 0$。由于被解释变量定义为人均企业年金这一密度概念，为避免内生关系造成估计系数有偏及符号与预期不符，该模型中将用企业总资产代替在职员工总数作为代表企业规模的变量。

第二个变量企业人力资本水平变量 human capital，度量指标为企业大专以上职工数占职工总数百分比。人力资本对企业至关重要，忠诚的、高效率的员工具有一定的议价能力，可以参与到企业年金决策与企业进行博弈，以获得更大的利益，因此该变量估计系数符号预期为正。

第四组变量为杠杆率 *leverage*、实际利息率 *interest*。两变量综合体现企业所面临的外部融资环境。

第五组变量为市场对企业未来发展预期相关的控制变量，包括托宾 Q 系数变量和研发费用支出变量。Tepper（1981）提出，当充分建立企业年金基金时企业价值将实现最大化，因此，企业采用企业年金的动机将会随着相对市值的下降而有所增加。企业市值上升，表示企业内部融资收益率要高于将资金委托给受托人进行投资的收益率，企业的预期收益将提高，而企业年金的机会成本也会提高，这便降低了企业建立企业年金的动机，而员工参与决策的积极性也随之下降。对于企业来说，实行企业年金的最佳时间为企业市场价值相对于净资产处于低水平时，因为企业可以通过企业年金所带来的成本降低来弥补企业相对市值降低的损失。因此，该组变量估计系数符号预期为负。

第六组变量为表示企业所有制形式的虚拟变量 $ownerk = \{0，1\}$（$k = 1，2，3，4$），$ownerk(k = 1，2，3)$ 取值 1 分别表示中小型国有控股企业、大型非国有控股企业、中小型非国有控股企业，即大型国有控股企业为参照基准。企业划型标准参照的是工信部《关于印发中小企业划型标准规定的通知》的相关规定。这些虚拟变量控制企业间企业年金所存在的所有制差异。

第七组为向量 I 和向量 J。向量 I 为企业所在行业虚拟变量，主要控制行业之间固有的企业年金差异。沪深两市上市企业分布于包括农林牧渔业等 19 个行业当中，但没有上市企业被归入居民服务、修理和其他服务业，而科学研究和技术服务业、教育业、卫生和社会工作业分别仅包含少数几家上市企业，分别设立二元虚拟变量后在进行计量回归时将产生共线性，为此本书将居民服务、修理和其他服务业删除，将科学研究和技术服务业、教育业、卫生和社会工作业与文化、体育和娱乐业合并为科教文卫业，将上市企业分为 15 个行业，由此产生了 14 个行业虚拟变量，其中以制造业为参考基准。此外，沪深两市上市企业分布于我国 31 个省、直辖市和自治区，由此产生了 30 个地区虚拟变量，其中以北京为参照标准，即向量 J，主要控制区域因素对企业年金的影响。被解释变量和各解释变量的含义及计算指标列于表 6.1。

表6.1   主要变量说明

变量名	指标含义	度量方法	预期符号
Pension Density	企业年金密度	年度增加额/职工总数×100%	
Stock	高管偏好	高管持股总数/企业总股数×100%	−
Tax	实际所得税率	所得税/营业收入×100%	+
Scale（Asset）	企业规模	总资产的对数	+
Leverage	杠杆率	长期借款/净资产×100%	+
Interest	实际利息率	利息支出/负债×100%	−
Human Capital	人力资本水平	大专以上职工数/职工总数×100%	+
Tobins Q	托宾Q	(总资产−股权账面价值−递延所得税+股权市场价值)/前一期总资产	−
R&D	研发费用支出	研发支出/净资产×100%	−
*Owner*1	中小型国有控股	二元虚拟变量＝{0，1}	
*Owner*2	大型非国有控股	二元虚拟变量＝{0，1}	
*Owner*3	中小型非国有控股	二元虚拟变量＝{0，1}	
*Industry*1 ~ *Industry*14	所属行业	二元虚拟变量＝{0，1}	
*Province*1 ~ *Province*30	所在省份	二元虚拟变量＝{0，1}	

三、数据描述

本书所使用的企业数据来源于我国各上市公司2012年企业年报，共2485份。其中有1017家企业在年度报告中未披露企业年金建立情况，而披露企业年金建立情况的1468家企业中，建立企业年金的共472家，未建立企业年金的共996家。1468家上市企业的企业年金建立情况以及本书实证分析所需各变量的具体数据描述见表6.2。

表6.2　我国上市公司企业年金建立情况及各变量数据描述

变量	单位	建立企业年金					未建立企业年金				
		数量（占比）	平均值	标准差	最大值	最小值	数量（占比）	平均值	标准差	最大值	最小值
企业（占比）	家（%）	472（32.15%）					996（67.85%）				
1. 大型国有控股	家（%）	336（56.85%）					255（44.15%）				
2. 中小型国有控股	家（%）	46（40.71%）					67（59.29%）				
3. 大型非国有控股	家（%）	68（16.00%）					357（84.00%））				
4. 中小型非国有控股	家（%）	22（6.49%）					217（93.51%）				
企业年金密度	元/人		2792.221	7718.710	152241.067	0.003					
1. 大型国有控股	元/人		2760.545	3607.505	31793.254	1.069					
2. 中小型国有控股	元/人		4027.559	4003.475	15353.381	32.962					
3. 大型非国有控股	元/人		512.945	1147.694	6353.104	0.003					
4. 中小型非国有控股	元/人		7738.053	32315.622	152241.067	1.622					
高管所持股票数占比	%		1.862	8.205	79.543	0.000		6.974	14.972	72.898	0.000
实际所得税率	%		2.314	2.953	20.465	−4.205		2.046	2.598	23.978	−15.656
总资产规模	元（取对数前）		22.875	1.613	30.268	19.078		21.450	1.154	26.660	15.729
在职员工数	人（取对数前）		8.243	1.430	12.781	2.890		7.253	1.270	11.270	1.609
杠杆率	%		31.346	63.428	688.699	0		12.649	54.582	1011.327	0
实际利息率	%		2.350	2.585	37.878	−14.867		2.127	2.965	24.316	−49.887
大专以上职工占比	%		50.789	22.431	100	2.945		44.364	23.452	100	0
托宾Q	%		1.471	0.467	7.333	0.231		1.532	2.336	7.396	−60.016
研发费用支出占比	%		2.545	4.794	50.091	0		3.267	8.516	186.110	−3.199

第 二 节　 实 证 结 果 分 析

一、实 证 结 果

首先运用 Tobit 模型对上文建立的计量模型进行估计，估计结果见表6.3。表中第 1 列至第 6 列模型为依次去掉各组控制变量后的回归结果，第 7 列模型则为完整估计模型。表中各列模型下对应变量的估计结果差异并不明显，由此说明各组控制变量间的共线性程度较低，这在一定程度上反映了控制变量选取的合理性。

暂以完整估计模型即第 7 列估计结果为基准进行实证分析。首先看企业实际所得税率变量 Tax 和企业高管持股比例变量 Stock 的估计结果。企业实际所得税率变量 Tax 的估计系数在5%的显著性水平下显著为正，说明其他条件相同的情况下，企业的实际所得税率越高，越会建立企业年金以获取税收优惠，企业年金决策存在税收优惠效应。而企业高管持股比例变量 Stock 的估计系数在1%的显著性水平下显著为负，说明其他条件相同的情况下，总体上我国上市企业高管持股比例越高，越不会建立企业年金，企业年金与其他激励机制间存在替代效应。

模型中其他控制变量对企业年金的影响方向和显著性与预期及已有经验文献基本一致。企业规模变量 *Scale* 的估计系数在1%的显著性水平下显著为正，说明其他条件相同的情况下，企业规模会显著提高企业年金规模，企业年金存在规模效应；人力资本水平变量 *Human Canpital* 的估计系数在1%检验水平下显著为正，说明企业职工素质提升将显著提高企业年金规模；企业所有制形式等基本特征也显著影响企业年金的规模和决策。

表6.3

Tobit 模型回归结果

被解释变量：PENSION DENSITY

计量方法：极大似然估计——左端审查 Tobit（二次攀峰迭代）

样本量：1463

解释变量	回归系数（1）	回归系数（2）	回归系数（3）	回归系数（4）	回归系数（5）	回归系数（6）	回归系数（7）
Stock	-2307.01** (957.57)	-1981.84** (972.84)	-2405.31*** (948.14)	-2121.32** (953.66)	-2444.81*** (947.58)	-3761.93*** (911.37)	-2402.43*** (950.01)
Tax		27755.13** (11959.96)	25063.53** (11675.52)	25169.93** (11858.18)	25886.51** (11751.36)	20083.78* (11441.50)	26511.14*** (11809.06)
Scale	2003.31*** (249.71)		2010.21*** (243.81)	2089.59*** (250.42)	1980.88*** (248.85)	2443.50*** (215.71)	1982.45*** (248.12)
Leverage	-7990.02 (10163.02)	1037.47 (10345.79)		-9511.89 (10307.35)	-5312.60 (10146.88)	-7032.05 (9831.79)	-5773.227 (10155.16)
Interest	358.18 (482.70)	1015.233*** (452.91)		520.86 (472.57)	433.06 (473.82)	387.42 (472.83)	418.29 (474.52)
Human Canpital	5792.33*** (1460.63)	6948.98*** (1474.31)	5997.03*** (1441.13)		5790.20*** (1440.45)	5651.27*** (1399.17)	5838.31*** (1448.56)
Tobins Q	-73.19 (356.61)	-12.52 (269.00)	-160.57 (256.99)	-94.95 (248.92)		-251.33 (186.66)	-156.90 (254.79)

续表

解释变量	回归系数 (1)	回归系数 (2)	回归系数 (3)	回归系数 (4)	回归系数 (5)	回归系数 (6)	回归系数 (7)
R&D	-1415.70 (4911.72)	-1106.69 (4952.11)	-725.97 (4730.03)	1285.23 (4250.00)		497.12 (4182.54)	-760.02 (4721.66)
Owner1	773.83 (1068.55)	-2723.86*** (1014.47)	723.03 (1061.23)	1130.17 (1066.35)	649.99 (1063.87)		657.42 (1063.64)
Owner2	-4459.93*** (781.66)	-6002.39*** (784.35)	-4421.10*** (771.83)	-4564.35*** (779.52)	-4489.99*** (770.83)		-4460.11*** (773.25)
Owner3	-4761.20*** (1096.95)	-9192.32*** (1040.38)	-4971.57*** (1094.01)	-4521.09*** (1089.76)	-5036.40*** (1094.06)		-5003.70*** (1095.54)
常数项	-51155.14*** (5875.008)	-6189.79*** (1315.52)	-51872.25*** (5757.47)	-51010.51*** (5899.89)	-51334.35*** (5842.82)	-62273.73*** (5094.77)	-51123.71*** (5826.03)

注：表中括号内数值为相应估计系数的标准差；***、**、*分别代表1%、5%、10%的显著性水平。

143

此外，表示企业融资环境的控制变量组 *Leverage* 和 *Interest* 估计符号与预期相符，但系数不显著，这一结果主要是受到了本书选取样本为上市企业数据的影响，上市企业较好的经营状况以及多渠道融资方式导致更为宽松的融资环境，这些企业的年金决策也就不会面临趋紧的信贷约束；*Tobins Q*、*R&D* 的估计系数不显著，本书给出的解释为：我国股市投资者相对于国外成熟资本市场投资者更加注重上市企业中长期发展的表现而言，反而注重短期甚至超短期回报，股市波动并不能真正说明上市企业未来发展态势，这说明在我国股市对上市企业未来发展的预期对企业年金决策的影响机制产生了扭曲。

二、稳健型检验

（一）解释变量有效性

考虑到代表企业年金规模的被解释变量的选取对估计结果的影响，采取以下方式进行检验：（1）将被解释变量重新定义为深度的概念，即企业年金比营业收入，重新做 Tobit 回归分析，检验被解释变量选取的合理性；（2）将被解释变量设定为二元虚拟变量，建立企业年金的企业为 1，其他为 0，采用 Probit 模型计量方法重新回归分析，检验是否企业年金的决策问题；（3）将未建立企业年金的企业剔除，仅对建立企业年金的企业进行 OLS 回归分析，检验企业年金规模的决策问题；（4）若直接划分子样本并运用 OLS 法估计，会由于样本选择偏差而产生内生性问题（Heckman，1979），因此，将采用 Heckman 选择模型重新估计子样本，检验样本选择合理性。运用各检验方式重新计量回归后的估计结果见表 6.4。根据估计结果，各主要解释变量和控制变量的估计系数符号及显著性没有发生较大变化，整体验证了指标选取的合理性以及主要解释变量对企业年金决策发挥作用的稳健性，其中：第 1 列估计结果验证了被解释变量选取的代表性；第 4 列 *Lambda* 的估计系数在 1% 检验水平下显著，表明直接划分子样本会产生选择偏差，验证了本书选择整体样本进行回归的合理性；第 2 列、第 4 列估计结果表明是否建立企业年金与企业年金规模决策都受到相应解释变量的影响，进一步验证了采用 Tobit 模型建立回归分析的合理性。

表 6.4　　　　　　　　　　　稳健性检验结果

被解释变量	*Pension Penetration*	*Pension Choice*	*Pension Density*	*Pension Density*
计量方法	Tobit	Probit	OLS	Heckman
样本量	1463	1463	272	1463
解释变量	回归系数（8）	回归系数（9）	回归系数（10）	回归系数（11）
Stock	− 0.00049 ** （0.000204）	− 0.3174 ** （0.137）	− 2182.02 * − 1270.65	− 2814.84 ** （1366.41）
Tax	0.00219 （0.002632）	0.615 （1.8871）	62186.54 *** （15989.32）	5321.99 *** （15715.82）
Scale（*Asset*）			1127.45 *** （293.32）	1719.77 *** （403.12）
Scale（*Labor*）	0.000353 *** （0.000058）	0.3297 *** （0.044）		
Leverage	− 0.00266 （0.002139）	− 0.813 （1.4812）	682.82 （13978.89）	− 1697.50 （14131.47）
Interest	− 0.000124 （0.000115）	0.0878 （0.0687）	757.56 （695.95）	667.58 （695.99）
Human Capital	0.001023 *** （0.000319）	1.0972 *** （0.22）	5687.37 *** （1874.29）	7027.70 *** （2035.20）
Tobins Q	0.000078 （0.000085）	0.007 （0.0565）	− 492.12 （810.76）	− 318.78 （817.75）
R&D	− 0.000192 （0.001177）	− 0.6446 （0.799）	264.6 （8122.14）	635.51 （8225.26）
Owner1	− 0.00246 （0.000236）	− 0.1374 （0.1675）	2199.82 （1311.45）	1691.70 （1350.10）
Owner2	− 0.001579 *** （0.000166）	− 0.9225 *** （0.1066）	25.18 （1059.748）	− 2654.62 （1864.75）

续表

解释变量	回归系数（8）	回归系数（9）	回归系数（10）	回归系数（11）
Owner3	− 0.001987 *** (0.000256)	− 1.1026 *** (0.1624)	6919.14 *** (1818.06)	2726.36 (3293.39)
常数项	− 0.003311 *** (0.000625)	− 3.0791 *** (0.4393)	− 27980.11 *** (7192.45)	− 45595.11 *** (11033.99)
McFadden R-squared		0.3239		
R-squared			0.2559	
DW			1.8553	
Lambda				4582.69 * (2452.65)

注：表中括号内数值为相应估计系数的标准差；*** 、** 、* 分别代表 1%、5%、10% 的显著性水平。

（二）系数敏感性

1. 税收优惠效应的系数敏感性检验。在回归（6），控制变量 Owner1 ~ Owner4 加入与去除导致主要解释变量回归系数出现较大波动，说明企业组织形式对企业年金的影响路径还包括企业组织形式影响企业年金决策对主要解释变量的敏感程度进而影响企业年金这一间接方式。

向模型中加入交叉项后的回归结果见表 6.5。表中第 1 列将总体考察引入非国有经济后企业年金对主要影响因素敏感性的影响，因此考察组为非国有控股企业，参照组为国有控股企业，二元虚拟变量 Owner 为上文 Owner2 ~ Owner4 三个二元虚拟变量的和；第 2 列主要考察引入境外投资后企业年金对主要影响因素敏感性的影响，因此考察组为合资企业，参照组为中资企业，二元虚拟变量 Owner 为 Owner1 ~ Owner3 三个二元虚拟变量的和；第 3 列进一步考察引入民间投资后企业年金对主要影响因素敏感性的影响，因此考察组为民营控股企业，参照组为其他企业（主要是国有控股企业），二元虚拟变量 Owner 为 Owner3 和 Owner4 两个二元虚拟变量的和；最后一列将表示合资企业和民营控股企业的两个二元虚拟变量都带入计量模型中，参考组为国有控股企业，考察引入外资和民营经济后企业年金对主要影响因素敏感性的影响。

表6.5 　　　　　　　　　　　系数敏感性分析结果

被解释变量	Pension Density			
计量方法	计量方法：极大似然估计——左端审查 Tobit（二次攀峰迭代）			
样本量	631			
考察组	非国有控股企业	合资企业	民营企业	合资企业 中资民营控股企业
Owner 计算公式	Owner2 ～ Owner4	Owner1 ～ Owner3	Owner3、 Owner4	Owner1 ～ Owner3
参照组	国有控股企业	中资企业	非民营企业	中资国有控股企业
主要解释变量	回归系数（10）	回归系数（11）	回归系数（12）	回归系数（13）
Tax	240.87 *** (88.03)	85.32 (79.98)	243.20 *** (87.68)	172.47 ** (79.56)
Owner * Tax	−563.87 *** (218.75)	160.38 (153.33)	−564.28 *** (221.22)	81.75 (209.81)
Owner4 * Tax				−381.07 * (199.18)
Scale （A/L）	1092.92 *** (185.37)	1153.78 *** (158.03)	1094.95 *** (183.56)	871.63 *** (160.88)
Owner * Scale	148.04 (368.65)	557.11 ** (290.01)	209.78 (372.84)	868.62 ** (384.10)
Owner4 * Scale				749.31 * (396.00)
Leverage	−5.66 (3.83)	−3.72 (3.69)	−5.55 (3.76)	−2.61 (2.59)
Owner * Leverage	−30.88 * (17.76)	−18.13 * (10.66)	−33.78 * (18.41)	−16.58 (10.45)
Owner4 * Leverage				−46.65 ** (20.63)

主要解释变量	回归系数（10）	回归系数（11）	回归系数（12）	回归系数（13）
常数项	−27047.96***	−28356.75***	−27039.23***	−22000.52***
Owner	−5974.09	−13427.30**	−7151.56	−21014.14**
Owner4				−19014.46**
Wald-chi2 （Prob）	2.54 （0.11）		2.41 （0.12）	1.17 （0.28）

注：括号内数值为相应估计系数的标准差；***、**、* 分别代表 1%、5%、10% 的显著性水平。

资料来源：根据 Eviews7.0 软件回归结果整理。

根据各列回归结果可知，相应二元虚拟变量与主要解释变量的交叉乘积项的估计系数符号及显著性无明显变化，因此可以得出相对一致的结论：（1）总体来讲，与国有控股企业相比，非国有控股企业在企业年金决策中对企业规模和外部融资环境的敏感性更高，原因是相应虚拟变量与主要解释变量的交叉项估计系数均显著，且符号与主要解释变量估计系数的符号相同，产生叠加效应。（2）非国有控股企业，包括民营企业，其相应虚拟变量与实际所得税率 Tax 的交叉项估计系数显著，但符号与 Tax 估计系数相反，产生了抵消效应，通过原假设为"两个估计系数之和为 0"的 Wald 检验，结果为接受原假设；另一方面，合资企业的这一交叉项估计系数是不显著的。结果表明非国有控股企业特别是民营企业，在企业年金决策中对实际所得税率的敏感性较低，进一步说明了目前的税收优惠政策对民营经济建立企业年金不具吸引力。（3）企业年金决策中，对实际所得税的敏感度上，国有控股最高，合资企业次之，民营企业最低；对企业规模的敏感度上，合资企业最高，民营企业次之，国有企业最低；对外部融资环境的敏感度上，民营企业最高，合资次之，国有企业最低。

2. 激励机制间替代效应系数敏感性检验。在回归（2）和（6）中，控制变量 Scale 和 Owner1～Owner3 加入与去除导致主要解释变量回归系数出现较大波动，说明企业规模和组织形式对企业年金的影响路径还包括企业规模和组织形式影响企业年金决策对主要解释变量的敏感程度进而影响企业年金这一间接方式。

向模型中加入交叉项后的回归结果见表6.6。表中第1列将考察引入企业规模后企业年金对主要影响因素敏感性的影响，因此考察组为中小型，参照组为大型企业；第2列主要考察引入企业所有制后企业年金对主要影响因素敏感性的影响，因此考察组为国有控股企业，参照组为非国有控股企业，包括民营资本控股企业和境外资本控股企业；第3列综合考察引入企业规模和所有制形式后企业年金对主要影响因素敏感性的影响，因此考察组为大型和中小型国有控股企业以及大型非国有控股企业，参照组中小型非国有控股企业。

表6.6　　　　　　　　　　　系数敏感性分析结果

被解释变量	*Pension Density*		
计量方法	计量方法：极大似然估计——左端审查 Tobit（二次攀峰迭代）		
样本量	1463		
考察组	中小型企业	国有控股企业	大型国有控股企业、中小型国有控股企业、大型非国有控股企业
参照组	大型企业	非国有控股企业	中小型非国有控股企业
主要解释变量	回归系数（1）	回归系数（2）	回归系数（3）
Stock	− 3001.52 *** (1052.18)	− 3214.63 *** (1448.86)	− 5064.39 ** (1219.26)
Dummy1 ∗ Stock	− 3430.51 * (2185.21)	1929.20 (1921.98)	3908.60 (4372.90)
Dummy2 ∗ Stock			2650.33 (5179.81)
Dummy3 ∗ Stock			2868.04 − 4280.69
常数项	− 23182.73 *** (2894.95)	− 24304.19 *** (2598.43)	− 23489.18 *** (7066.52)

续表

主要解释变量	回归系数（1）	回归系数（2）	回归系数（3）
*Dummy*1	− 758. 35 − 1040. 6	5185. 52 *** （867. 70）	5146. 70 *** （1219. 26）
*Dummy*2			4936. 94 *** （1373. 43）
*Dummy*3			− 37. 40 （2043. 12）
Wald-chi2 1 （*Prob*）		0. 99 （0. 32）	1. 01 （0. 32）
Wald-chi2 2 （*Prob*）			0. 88 （0. 34）
Wald-chi2 3 （*Prob*）			2. 1 （0. 14）

注：括号内数值为相应估计系数的标准差；***、**、*分别代表1%、5%、10%的显著性水平。

根据各列回归结果可以得出相对一致的结论：（1）从企业规模来讲，与大型企业相比，中小型企业在企业年金决策中对高管持股比例的敏感性更高，原因是相应虚拟变量与主要解释变量的交叉项估计系数显著，且符号与主要解释变量估计系数的符号相同，产生叠加效应。（2）从企业所有制形式来讲，非国有控股企业，包括民营资本企业和境外资本控股企业，其在企业年金决策中对高管持股比例的敏感性估计系数显著，而交叉项系数不显著，且符号与 *Stock* 估计系数相反，产生了抵消效应，通过原假设为"两个估计系数之和为0"的 Wald 检验，结果为接受原假设，说明在国有控股企业年金决策对高管持股比例的敏感性不强，二者不相关。（3）企业年金决策中，对高管持股比例的敏感度上，中小型非国有控股企业较强，而其他类型企业包括大型非国有控股企业、中小型国有控股企业和大型国有控股企业较弱，原因可以解释为这些企业的内外部压力更为有效。

第三节 小 结

根据上文分析不难发现，我国上市企业的企业年金决策受到高管持股比例、实际所得税率、企业规模以及人力资本水平等因素的影响。整体而言，高管持股比例越低、实际所得税率较高、企业规模较大以及雇员素质较高的企业更加倾向于建立较高水平的企业年金，而企业融资环境和股市预期并未对企业年金决策产生明显作用。

企业年金决策具有税收优惠效应，即企业缴税越高，越有可能采用企业年金。企业实际所得税率与企业年金规模正相关。具体而言，不同所有制形式的企业，其企业年金决策对各影响因素的敏感度存在较大差异，相对于国有控股企业更加积极地建立企业年金以利用税后优惠政策降低其实际所得税率，非国有控股企业，特别是民营企业，其建立企业年金的积极性更加受限于自身规模和融资环境，造成当前税收优惠政策对非国有控股企业建立企业年金的激励作用十分有限。

同时，企业年金决策同其他激励机制存在替代效应，即高管持有公司股权的比例越低，越有可能采用企业年金。高管持有公司股权的程度与企业年金融资水平预期负相关。具体而言，不同规模和所有制形式的企业，其企业年金决策对各影响因素的敏感度存在较大差异，与大型企业相比，中小型企业在企业年金决策中对高管持股比例的敏感性更高，非国有控股企业，包括民营资本企业和境外资本控股企业，其在企业年金决策中对高管持股比例的敏感性更强。

第七章

结论与政策建议

第一节 结　论

一、我国企业年金发展相对滞后

我国企业年金制度起步晚，制度不完善。企业年金制度在我国正式确立则在 2004 年劳动和社会保障部颁布《企业年金试行办法》和《企业年金基金管理试行办法》以后，企业年金实施税收优惠制度甚至才短短 15 年，其间还长期处于不完整和不统一的状态，而在经历了漫长的从无到有、从地方性政策到全国统一政策的过程后，税收优惠幅度并没有发生较大变化，较美国、加拿大等国家 15% 以上的比例依然偏低。企业年金制度整体设计并没有激发中小企业和非国有企业建立企业年金的积极性。此外，我国企业年金基金规模小，发展速度趋缓。在主要发达国家，企业年金已成为一项普遍的制度安排，而从企业年金规模占国内生产总值、企业年金占总体养老金比例、企业年金的覆盖率等指标来看，我国企业年金则仍处于很低的水平，可以说，企业年金在中国多层次社保体系中并没有承担起第二支柱应有的作用。

二、有关企业年金决策的研究尚待完善

从文献中可以看出，国外企业年金的实践比较成熟，研究内容和方法多样。相比之下，我国有关企业年金的研究亟待充实。目前尚没有研究对于企业年金计划与中国企业生产率之间的关系问题进行系统的实证考察。同时，虽然前述国外的相关实证研究表明了企业年金对于生产率的积极影响，但在微观企业层面上，缺乏进一步对这种积极作用的形成机制做系统的检验，对于中国企业而言，企业年金是否通过这些机制发挥作用自然也尚未得到考察。再有，企业年金虽被视为是一种"长效激励"制度，但在连续为员工建立企业年金和不连续乃至仅单一年度建立企业年金的不同情况之间，企业年金对企业生产率的积极作用有何不同表现等问题未受到关注。

而关于企业年金和员工效率的关系方面，尽管理论研究的结论较为统一，国际实践也较为成熟，但这一领域的实证研究尚不能令人满意。首先，以往文献并没有对"甄别效应"进行专门的实证研究，无法为企业年金是否具有甄别高效率员工的"甄别效应"，以及"甄别效应"的作用机制是否是基于员工在效用贴现率差异下的自选择等问题提供佐证。其次，有关企业年金与生产率关系的实证研究较为丰富，不过，尽管此类研究主要针对的是企业年金的"激励效应"，但从本书提出的"甄别效应"和"激励效应"双重机制角度来看，企业年金与员工生产率之间存在双向因果关系，因此既有研究就"激励效应"的实证分析由于未以上述双重机制为基础框架而存在理论缺陷，并且因为这一缺陷导致其实证方案中对其中的内生性问题未加考虑和处理，存在同时性选择偏差，从而影响了其对"激励效应"的确切估计。

三、提高企业生产率是企业年金决策的内在动力

利用 2010～2013 年上海证券交易所上市企业年报数据，实证检验

了企业年金促进企业生产率提高的"生产率效应"及其时效性，并通过中介效应模型系统检验了其实现路径，得出以下几点结论：

第一，建立企业年金的企业生产率高于未建立的企业生产率，企业年金具有提高企业生产率的"生产率效应"。

第二，对于中国企业来说，企业年金之所以具有"生产率效应"，是通过提高员工总体素质水平、增加培训投入和增加企业财务宽松等机制实现的，但没有表现出通过提升高管经营绩效而发挥作用。

第三，建立企业年金对此后若干年的企业生产率仍具有促进作用，也就是有"滞后效应"，但会逐渐减弱，原因在于对于单一年度的企业年金而言，其各项作用机制是有时效性的，会随着滞后期的延长而相继失效；而连续建立企业年金对生产率产生"叠加效应"，也就是在连续建立年金期间，当期效应和"滞后效应"的叠加令企业生产率得到进一步提高。

研究结果表明，企业年金不仅是对我国基本养老保险制度的补充，还具有提高企业生产率的现实好处，而连续地提供企业年金计划是充分利用这一效应的关键。

四、甄别并提高员工效率是企业年金发挥生产率效应的主要途径之一

本书认为，企业年金通过"甄别效应"和"激励效应"两个方面促进提高员工的生产效率。本书基于 2012 年中国家庭金融调查中的企业员工数据并在考虑了内生性问题的基础上对此进行了实证分析，研究表明：

第一，基于工具变量 Probit 模型的实证结果表明，高生产率员工更有可能选择加入企业年金，说明企业年金具有在信息不对称情况下甄别高生产率员工的"甄别效应"。进一步地，基于二元 Probit 模型的实证结果表明，具有较高生产效率的员工普遍具有较低的主观贴现率，更加看重未来价值，因而加入企业年金的意愿更强烈，由此构成了企

业年金具有"甄别效应"的内在机制。

第二,基于处理效应模型的实证结果表明,参加企业年金的处理组员工与未参加企业年金的对照组员工相比,生产效率更高,说明企业年金具有提高员工生产率的"激励效应"。进一步地,基于倾向得分匹配法的推算结果表明,参加企业年金令员工的生产效率从 5.3181 个单位提升到 11.1149 个单位,提升了近 6 个单位,说明"激励效应"效果明显。

五、企业年金决策受到税收优惠政策和其他激励机制的影响

根据本书分析,不难发现我国上市企业的企业年金决策受到高管持股比例、实际所得税率、企业规模以及人力资本水平等因素的影响。整体而言,高管持股比例越低、实际所得税率较高、企业规模较大以及雇员素质较高的企业更加倾向于建立较高水平的企业年金,而企业融资环境和股市预期并未对企业年金决策产生明显作用。

企业年金决策具有税收优惠效应,即企业缴税越高,越有可能采用企业年金。企业实际所得税率与企业年金规模正相关。具体而言,不同所有制形式的企业,其企业年金决策对各影响因素的敏感度存在较大差异,相对于国有控股企业更加积极地建立企业年金以利用税后优惠政策降低其实际所得税率,非国有控股企业,特别是民营企业,其建立企业年金的积极性更加受限于自身规模和融资环境,造成当前税收优惠政策对非国有控股企业建立企业年金的激励作用十分有限。

同时,企业年金决策同其他激励机制存在替代效应,即高管持有公司股权的比例越低,越有可能采用企业年金。高管持有公司股权的程度与企业年金融资水平预期负相关。具体而言,不同规模和所有制形式的企业,其企业年金决策对各影响因素的敏感度存在较大差异,与大型企业相比,中小型企业在企业年金决策中对高管持股比例的敏感性更高,非国有控股企业,包括民营资本企业和境外资本控股企业,其在企业年金决策中对高管持股比例的敏感性更强。

第二节　未来发展趋势与展望

企业年金未来发展前景广阔。近年来，由于人口老龄化不断加快和经济发展趋缓，我国养老保险体制改革持续进行。在当前基本养老保险水平逐步降低的趋势下，企业年金制度还有待不断变革，其补充和保障的功能将更加突出，对完善整个社会的养老保障体系将发挥更大作用。本书以在建立时间、制度设计等方面与我国类似的 OECD 代表国家企业年金发展状态作为我国企业年金未来发展趋势，预测企业年金发展规模，及对经济增长和收入提高的影响。

德国企业年金资产占 GDP 的百分比，1970 年、1975 年、1980 年为 2.6%，1985 年、1991 年为 4%。而在其他公共养老金占主体的国家，如法国、葡萄牙、西班牙、意大利，企业年金资产占 GDP 的百分比（2013 年或最近年份）分别为 9.62%、6.75%、6.21%、5.57%。假设我国企业年金占 GDP 比重 2015 年达到 1.5%，2016 年达到 2%，2020 年达到 16%，2025 年达到 16%，GDP 增长率 2015～2020 年为 7%，2021～2015 年为 6.5%，则我国企业年金资产规模到 2020 年，将达到 5.73 万亿元，到 2025 年将达到 20.93 亿元，见表 7.1。

表 7.1　　　我国企业年金资产规模发展预测（2016～2025 年）

年　份	2016	2017	2018	2019	2020	2021	2022	2023	2024	2025
GDP（万亿元）	72.83	77.93	83.38	89.22	95.47	101.67	108.28	115.32	122.82	130.80
企业年金占比（%）	2.00	3.00	4.00	5.00	6.00	8.00	10.00	12.00	14.00	16.00
企业年金（万亿元）	1.46	2.34	3.34	4.46	5.73	8.13	10.83	13.84	17.19	20.93
企业年金增长率（%）	42.67	60.50	42.67	33.75	28.40	42.00	33.13	27.80	24.25	21.71

注：2014 年企业年金资产规模为 7688.95 亿元，GDP 为 636139 亿元。

与我国建立多支柱养老保险制度时间接近的中东欧转型国家，如捷克、匈牙利，企业参与率分别达到 45% 和 31%。公共养老金占主体的国家，如德国，企业参与率达到 64%。其他发达国家，如美国、英国、爱尔兰，企业参与率分别达到46%、47.1%和42.9%。研究表明，企业建立企业年金，当年全要素生产率将提升3%，那么如果我国企业参与率达到10%，则促进GDP增长率提升0.3个百分点，如果我国企业参与率达到65%，则将促进GDP增长率提升近2个百分点。其他企业参与率假设下企业年金促进GDP增长情况见表7.2。

表7.2　　　不同企业参与率假设下企业年金促进 **GDP** 增长情况　　　单位:%

企业参与率	10	15	20	25	30	35	40	45	50	55	60	65
GDP 增长率提升	0.3	0.45	0.6	0.75	0.9	1.05	1.2	1.35	1.5	1.65	1.8	1.95

2013年，德国企业补充养老金对劳动力的覆盖率为56.4%。研究表明，参加企业年金的员工，其货币化的效率将提高6元/小时。假设我国企业年金员工覆盖率达到10%，则企业年金将促进我国职工年度人均工资增长3.37%，达到58256.54元，如果我国企业参与率达到60%，则企业年金将促进我国职工年度人均工资增长20.19%，达到67739.24元。其他企业年金覆盖率假设下职工年度人均工资增长情况详见表7.3。

表7.3　　　不同企业年金覆盖率假设下职工年度人均工资增长情况

员工覆盖率（%）	10	20	30	40	50	60
年度人均工资（元）	58256.54	60153.08	62049.62	63946.16	65842.70	67739.24
年度人均工资增长率（%）	3.37	6.73	10.10	13.46	16.83	20.19

　　注：据最新发布的《中国职场人平衡指数调研报告》显示，我国职员每天平均工作时间为8.66个小时。2014年城镇单位就业人员平均工资56360元。

第三节　政策建议

制约我国企业年金实现快速增长的因素很多，既有养老保障体系自身的问题，也有社会经济宏观环境的问题。其中一个很重要的原因是对养老金特别是企业年金知识的社会宣传和教育严重不足，无论是企业雇主还是员工对企业年金的认知度不高，甚至还存在误解。此外，诸如其他制度性障碍，如基本养老保险的缴费费率较高导致企业年金的缴费空间受到严重挤压；现行的企业年金制度主要是针对单一年金计划，而对集合年金计划的规范和促进作用有待提升；企业年金税收优惠政策对员工个人和企业所得税的优惠比例都处于较低水平，对企业和员工建立和参加企业年金的积极性没有起到有效的激励作用；资本市场长期处于"强融资，弱投资"的错位发展模式，没有与企业年金的投资管理产生良性互动；宏观发展环境导致民营企业的盈利能力和发展空间不足，没有能力和意愿建立企业年金计划，等等，也制约了企业年金的发展。

基于此，本书提出以下几点政策建议：

一、加强宣传教育力度，提高年金认知水平

目前的研究、舆论和实践均过分强调甚至夸大了企业年金在合理避税和隐性福利方面的作用，这并非企业年金最大优势所在，而企业年金的最大优势和根本职能却被长期忽视：企业年金作为一种激励机制，具有投资收益风险低、激励对象范围广、作用时效更持久等其他激励机制（如股权激励）所不具有的特性，并且具备有效提高企业生产率的人力资本管理功能。企业建立任何一种激励机制的目标是提高生产率，因此提高生产率才是企业积极建立年金计划的根本动力。认识到企业年金的"生产率效应"，建立企业年金水到渠成。本文研究发现，企业年金具有"生产率效应"，建立企业年金即可通过提高员工总体素质水平、增加培训投入和增加企业财务宽松等机制提升企业生产率，但企业年金作为一项长效激励机制，其发挥作用并不是一蹴而就的：对于单一年度的企业年金而言，其各项作用机制是有时效性的，会随着滞后期的延长而相继失效，导致单一年度企业年金的作用是逐年降低的；而连续建立企业年金对生产率产生"叠加效应"，也就是在连续建立年金期间，企业生产率得到进一步提高。因此，连续地提供

企业年金计划是充分利用企业年金生产率效应的关键。此外，研究表明，高素质的员工更加倾向于选择具有企业年金制度的企业，因此企业应充分认识到企业年金计划对于吸引和留住人才的人力资本管理功能，主动完善企业年金激励机制，并加大职业技能培训力度，不断提高员工素质和生产效率。

对员工而言，应引导他们更加理性地认识到随着人口老龄化的加深，未来养老高风险既不能完全依赖政府和单位，也不能单纯依靠个人力量，养老责任需要在政府、企业和个人之间合理分配，共同应对这一冲击。员工应更加看重企业年金在未来对其退休收入的重要作用，充分认识企业年金递延薪酬机制对个人收入跨期分配的科学性和合理性，转变短视的就业观念，在就业选择上更加倾向于已经建立企业年金计划的企业。

二、完善税收优惠政策，提升税收优惠幅度

世界典型国家企业年金发展实践表明，完善的税收优惠制度能够激励企业和员工建立和参加企业年金的积极性，促进企业年金的快速增长。我国税收制度也相继对企业年金的企业缴费部分和员工缴费部分均采用了国际流行的税收优惠模式。2009 年 6 月，财政部和国家税务总局联合颁布的《关于补充养老保险费补充医疗保险费有关企业所得税政策问题的通知》规定，自 2008 年 1 月 1 日起，企业根据国家有关政策规定，为在本企业任职或者受雇的全体员工支付的补充养老保险费、补充医疗保险费，分别在不超过职工工资总额 5% 标准内的部分，在计算应纳税所得额时准予扣除。财政部、人力资源和社会保障部和国家税务总局 2013 年《关于企业年金、职业年金个人所得税有关问题的通知》规定，自 2014 年 1 月 1 日起，对年金个人所得税政策采用 EET 递延纳税模式：（1）在年金缴费环节，对单位根据国家有关政策规定为职工支付的企业年金或职业年金缴费，在计入个人账户时，个人暂不缴纳个人所得税；个人根据国家有关政策规定缴付的年金个

人缴费部分，在不超过本人缴费工资计税基数的4%标准内的部分，暂从个人当期的应纳税所得额中扣除。（2）在年金基金投资环节，企业年金或职业年金基金投资运营收益分配计入个人账户时，暂不征收个人所得税。（3）在年金领取环节，个人达到国家规定的退休年龄领取的企业年金或职业年金，按照"工资、薪金所得"项目适用的税率，计征个人所得税。

但是，同典型国家相比，税收优惠幅度十分有限。以美国企业年金税收优惠限额为例，对于401（K）计划，员工可以每月从其工资中拿出不超过25%的资金存入养老金账户，2010年401（K）计划职工个人缴费上限是16500美元，如果年龄超过50岁的人，每年可以再增加5500美元，这样职工个人缴费上限为每年22000美元。企业雇主通常为员工提供相当于员工自身缴款25%～100%的配比缴款，同时规定雇主在雇员401（K）计划中投入资金的上限是雇员年收入的6%。而在其他针对中小企业的企业年金计划，雇主缴费获得的税收优惠比例更高，如简易雇员退休金为15%，基奥计划为25%。由此导致我国企业和员工建立和加入企业年金计划的积极性不高。我国企业年金无论规模还是发展速度均远远低于市场预期，更在2013年增长速度连续两年大幅上升情况下首度下滑，到2014年底，新增覆盖企业数和职工数成为近年来的最低值。可见，企业年金个人所得税递延纳税优惠政策效力并不明显，税收优惠依然没有推动企业年金在中国多层次社保体系中承担起第二支柱应有的作用。因此，我国企业年金税收优惠幅度仍有提升空间，部分学者建议提高企业缴费比例上限至8.33%并全部在企业所得税前列支。

此外，为有效调节生命期间消费行为，防止税收优惠补贴金额用于非养老消费，美国税收制度对企业年金的提前领取、借款、困难支取和到时不领取等一系列行为做出了明确规定和惩罚性举措，也值得我国借鉴。

三、调整高管薪资结构，加强内部监督制约

企业管理存在三大效率增长空间。第一类效率增长空间往往是由企业经营者或企业高级技术专家来解决的经营问题、战略问题或重大技术问题；第二类效率增长空间往往是由企业中层管理者和工程技术人员负责解决的一般管理问题或一般技术问题；第三类效率增长空间则大量存在于管理也鞭长莫及之处，需要调动每一位职工的主动性和积极性（张小宁，2002）。强调和重视激励在合作组织中作用的现代企业制度基本形成了比较完善的长效激励机制，以发现和利用效率增长空间，实现对人力资本的有效激励。企业典型的长效激励机制主要分为股权激励（包括高管股票期权、员工持股计划等）和企业年金两类。股权激励为当期分配机制，企业年金则属于延期分配机制，二者在投资收益风险、激励对象范围、作用时效等方面差异显著，两者决策似乎不存在内在制衡。而事实上，高管作为共同的激励对象，股权激励和企业年金都会影响其人力资本组合，高管行为也会随之调整，进而做出有利于自身利益最大化的企业决策。因此，高管股权和企业年金间的关系，将直接影响企业对长效激励的决策和人力资本激励的效率：如果两者不存在替代性，企业仅需在各自影响因素下求得分离均衡，即可实现帕累托有效；如果两者存在替代性，那么企业必须在复杂条件下求得混合均衡才能达到帕累托有效，而此时一种长效激励机制的分离均衡势必会降低另一种机制的激励效率，进而抑制人力资本总体激励效率。

研究表明，我国高管股权和企业年金间存在替代效应：企业年金决策可以增加单一的人力资本价值，以应对股东权益最大化对高管利益带来的损害。随着高管持股增加，高管与股东的利益更加一致，因而建立企业年金的动机将会降低。目前，高管股权对企业绩效的激励作用并没有统一结论，而大量理论及实证研究均表明，企业年金计划是一项能够有效促进提高企业生产率的激励制度。因

此，企业应合理订立高管薪资结构，并通过内外部机制进行监督制约，使高管股权和企业年金趋于混合均衡，提升企业人力资本激励的效率。

四、发展集合年金计划，激励中小民营企业

我国企业年金制度建立以来，主要针对单一年金计划做出了较为详尽的规定安排，并得到了大型企业的欢迎，通过建立单一年金计划有效降低了基金运营和管理成本，实现规模经济效应，从而使单一年金计划得到了较快速度发展。但相比之下，对于适用于中小企业的集合年金计划的相关制度安排，实施的时间较晚，集合年金计划也随之发展相对滞后。中小企业虽然数量众多，但由于各自员工规模较小，按单一年金计划制度建立的企业年金基金规模较小，很难有效解决建立计划的流程复杂、管理费占比高昂等问题，难以获得规模经济效应，中小企业的企业年金计划潜在需求长期不能转化为有效市场规模。研究表明，不同所有制形式的企业，其企业年金决策对各影响因素的敏感度存在较大差异，相对于国有控股企业更加积极地建立企业年金以利用税后优惠政策降低其实际所得税率，非国有控股企业，特别是民营企业，其建立企业年金的积极性更加受限于自身规模和融资环境，造成当前税收优惠政策对非国有控股企业建立企业年金的激励作用十分有限。因此，要在出台实施企业年金集合计划相关制度安排规定基础上，尽早推出针对参保中小企业及其职工的配套优惠措施，推动中小企业及其职工建立和参加企业年金计划的积极性，如通过更加优惠的税收减免政策鼓励符合条件的中小企业、民营个体企业参加集合年金计划，以获取企业年金规模经济报酬；进一步完善金融市场，拓宽信贷融资渠道；通过政策性贷款、当地城市商业银行信贷和民间融资扶持中小企业发展，探索试行对用于建立企业年金的信贷业务实行利率优惠政策等。

此外，在宏观社会经济环境上，应通过深化经济体制改革，营造

公平的市场竞争环境，让民营企业及其从业者更多地分享经济发展成果；重新定位资本市场功能，推动多元化资本市场建设，加强对投资人的保护、实现投资人和筹资人的利益平衡，使资本市场逐渐进入良性循环轨道。

参 考 文 献

[1] 蔡跃洲, 郭梅军. 我国上市商业银行全要素生产率的实证分析 [J]. 经济研究, 2009, (9): 52 - 65.

[2] 常莉, 鹿峰. 专用人力资本与年金计划的最优设计 [J]. 统计与决策, 2010, (16): 164 - 167.

[3] 陈秉正, 郑婉仪. 中国企业年金的发展预测分析 [J]. 数量经济技术经济研究, 2004, (1): 20 - 29.

[4] 陈晓安. 从人力资源视角看中小企业年金制度的完善 [J]. 中国劳动, 2011, (6): 20 - 22.

[5] 程惠芳, 陆嘉俊. 知识资本对工业企业全要素生产率影响的实证分析 [J]. 经济研究, 2014 (5): 174 - 187.

[6] 邓大松, 刘昌平. 中国企业年金制度研究 (修订版) [M]. 北京: 人民出版社, 2005.

[7] 丁汉鹏. 公司价值的形成与股权激励适用对象的选择 [J]. 管理世界 (双月刊), 2001, (3): 200 - 202.

[8] 杜建华. 企业年金税惠政策的经济学分析 [J]. 保险研究, 2009, (6): 43 - 47.

[9] 范剑勇, 冯猛. 中国制造业出口企业生产率悖论之谜: 基于出口密度差别上的检验 [J]. 管理世界 (月刊), 2013, (8): 16 - 29.

[10] 高凌云, 屈小博, 贾鹏. 中国工业企业规模与生产率的异质性 [J]. 世界经济, 2014 (6): 113 - 137.

[11] 韩鹏, 邵俊敏. 企业年金的微观经济效应探究 [J]. 中国管

理信息化, 2010, 13 (2): 66-69.

[12] 侯勇坚. 论企业年金发展现状及在人力资源管理中的重要性 [J]. 经营管理者, 2014, (8): 138-139.

[13] 胡一帆, 宋敏, 张俊喜. 中国国有企业民营化绩效研究 [J]. 经济研究, 2006, (7): 49-60.

[14] 胡一帆, 宋敏, 郑红亮. 所有制结构改革对中国企业绩效的影响 [J]. 中国社会科学, 2006, (4): 50-64.

[15] 黄桂田, 张悦. 企业改革 30 年: 管理层激励效应——基于上市公司的样本分析 [J]. 金融研究, 2008, (12): 101-112.

[16] 霍锋超. 企业年金在人力资源管理中的作用机制研究 [J]. 现代商贸工业, 2012, (3): 9-10.

[17] 简泽, 张涛, 伏玉林. 进口自由化、竞争与本土企业的全要素生产率 [J]. 经济研究, 2014, (8): 120-132.

[18] 蒋冠宏, 蒋殿春, 蒋昕桐. 我国技术研发型外向 FDI 的 "生产率效应"——来自工业企业的证据 [J]. 管理世界 (月刊), 2014, (9): 44-54.

[19] 柯法业, 张永强. 建立企业年金税收优惠政策促进企业年金发展 [J]. 财政研究, 2008, (7): 54-57.

[20] 孔佳宾. 企业年金效应与心理契约耦合关系初析 [J]. 中国商界, 2010, (4): 213-215.

[21] 孔翔, Rorbert E. Marks, 万广华. 国有企业全要素生产率变化及其决定因素: 1990-1994 [J]. 经济研究, 1999, (7): 40-48.

[22] 李超民. 美国社会保障制度 [M]. 上海: 上海人民出版社, 2009.

[23] 李军, 胡愈. 基于专用性人力资本的人力资源管理研究 [J]. 浙江工商大学学报, 2007, (2): 71-75.

[24] 李亚军. 税收优惠模式对企业年金发展的影响——澳大利亚超级年金经验对中国的启示 [J]. 财政研究, 2010, (12): 69-72.

[25] 刘昌平. 发展中小企业集合年金计划的政策障碍与出路

[N]. 证券市场导报，2008，4：37－41.

[26] 刘晴，张燕，张先锋. 为何高出口密集度企业的生产率更低？——基于固定成本异质性视角的解释 [J]. 管理世界（月刊），2014，（10）：47－56.

[27] 刘巳洋，路江涌，陶志刚. 外商直接投资对内资制造业企业的溢出效应：基于地理距离的研究 [J]. 经济学（季刊），2008，8（1）：115－128.

[28] 刘小玄，吴延兵. 企业生产率增长及来源：创新还是需求拉动 [J]. 经济研究，2009，（7）：45－54.

[29] 刘小玄. 国有企业和非国有企业的产权结构及其对效率的影响 [J]. 经济研究，1995，（7）：11－20.

[30] 柳云龙，傅安平. 企业年金——模式探索与国际比较 [M]. 北京：中国金融出版社，2004.

[31] 刘云龙，姚枝仲，傅安平. 中国企业年金发展与税惠政策支持 [J]. 管理世界（月刊），2002，（4）：45－53.

[32] 鲁晓东，连玉君. 中国工业企业全要素生产率估计：1999－2007 [J]. 经济学（季刊），2012，11（2）：541－558.

[33] 罗雨泽，朱善利，陈玉宇，罗来军. 外商直接投资的空间外溢效应：对中国区域企业生产率影响的经验检验 [J]. 经济学（季刊），2008，8（2）：587－620.

[34] 毛其淋，盛斌. 中国制造业企业的进入退出与生产率动态演化 [J]. 经济研究，2013，（4）：16－29.

[35] 毛其淋. 要素市场扭曲与中国工业企业生产率——基于贸易自由化视角的分析 [J]. 金融研究，2013，（2）：156－169.

[36] 宁向东，高文瑾. 内部职工持股：目的与结果 [J]. 管理世界（月刊），2004，（1）：130－136.

[37] 钱学锋，余弋. 出口市场多元化与企业生产率：中国经验 [J]. 世界经济，2014，（2）：3－25.

[38] 仇雨临. 员工福利概论 [M]. 北京：中国人民大学出版

社，2007.

[39] 任曙明，吕镯．融资约束、政府补贴与全要素生产率［J］．管理世界（月刊），2014，（11）：10 - 23.

[40] 任曙明，张静．补贴、寻租成本与加成率——基于中国装备制造企业的实证研究［J］．管理世界（月刊），2013，（10）：118 - 129.

[41] 邵敏，包群．政府补贴与企业生产率——基于我国工业企业的经验分析［J］．中国工业经济，2012，（7）：70 - 82.

[42] 邵宜航，步晓宁，张天华．资源配置扭曲与中国全要素生产率［J］．中国工业经济，2013（12）：39 - 51.

[43] 苏冬蔚，林大庞．股权激励、盈余管理与公司治理［J］．经济研究，2010，（11）：88 - 100.

[44] 孙晓华，王昀．企业规模对生产率及其差异的影响——来自工业企业微观数据的实证研究［J］．中国工业经济，2014，（5）：57 - 69.

[45] 涂正革，肖耿．中国的工业生产力革命——用随机前沿生产模型对中国大中型工业企业全要素生产率增长的分解及分析［J］．经济研究，2005，（3）：5 - 15.

[46] 王华，黄之骏．经营者股权激励，董事会组成与企业价值——基于内生性视角的经验分析［J］．管理世界，2006，（9）：101 - 116.

[47] 王杰，刘斌．环境规制与企业全要素生产率——基于我国工业企业的经验分析［J］．中国工业经济，2014，（3）：44 - 56.

[48] 王晋斌，李振仲．内部员工持股计划与企业绩效［J］．经济研究，1998，（5）.

[49] 王芃，武英涛．能源产业市场扭曲与全要素生产率［J］．经济研究，2014，（6）：142 - 101.

[50] 王争，孙柳媚，史晋川．外资溢出对中国私营企业生产率的异质性影响——来自普查数据的证据［J］．经济学（季刊），2008，8（1）：129 - 158.

[51] 魏凤春，于红鑫．企业年金税收政策的分析框架［J］．财经研究，2007，（8）：64 - 73.

[52] 温忠麟，张雷，侯杰泰，刘红云. 中介效应检验程序及其应用 [J]. 心理学报，2004，36（5）：614-620.

[53] 夏明会，宋光辉. 企业年金的价值——基于经济学视角的分析 [J]. 广州大学学报（社会科学版），2009，8（3）：54-58.

[54] 谢千里，罗斯基，张轶凡. 中国工业生产率的增长与收敛 [J]. 经济学（季刊），2008，（3）.

[55] 熊瑞祥，李辉文，郑世怡. 干中学的追赶——来自中国制造业企业数据的证据 [J]. 世界经济文汇，2015，（2）.

[56] 阳义南. 养老金生产率理论：我国发展企业年金的供给边视角 [J]. 社会保障研究，2012，（4）：49-55.

[57] 杨翠迎，郭光芝. 澳大利亚社会保障制度 [M]. 上海：上海人民出版社，2012.

[58] 杨胜利. 企业年金的激励作用研究 [J]. 理论探讨，2007，（3）：86-88.

[59] 姚玲珍. 德国社会保障制度 [M]. 上海：上海人民出版社，2011.

[60] 余林徽，陆毅，路江涌. 解构经济制度对我国企业生产率的影响 [J]. 经济学（季刊），2013，13（1）：127-150.

[61] 余淼杰. 中国的贸易自由化与制造业企业生产率 [J]. 经济研究，2010，（12）：97-110.

[62] 袁堂军. 中国企业全要素生产率水平研究 [J]. 经济研究，2009，（6）：52-64.

[63] 张杰，李克，刘志彪. 市场化转型与企业生产效率——中国的经验研究 [J]. 经济学（季刊），2011，10（2）：571-602.

[64] 张杰，李勇，刘志彪. 出口促进中国企业生产率提高吗 [J]. 管理世界（月刊），2009，（12）：11-26.

[65] 张小宁. 经营者报酬、员工持股与上市公司绩效分析 [J]. 世界经济，2002，（10）：57-64.

[66] 张艳，唐宜红，周默涵. 服务贸易自由化是否提高了制造业

企业生产效率 [J]．世界经济，2013，(11)：51 – 71．

[67] 张勇，王美今．中国企业年金税收优惠政策的成本研究——我国企业年金税收支出的精算统计分析 [J]．统计研究，2004，(8)．

[68] 张志学，秦听，张三保．中国劳动用工"双轨制"改进了企业生产率吗 [J]．管理世界（月刊），2013，(5)：88 – 99．

[69] 张祖平．企业年金对人力资本的影响研究 [J]．现代管理科学，2004，(12)．

[70] 郑秉文．中国企业年金发展滞后的政策因素分析——兼论"部分 TEE"税优模式的选择 [J]．中国人口科学，2010，(2)：2 – 23．

[71] 郑秉文．中国养老金发展报告 2011 [M]．北京：经济管理出版社，2011．

[72] 郑秉文．中国养老金发展报告 2012 [M]．北京：经济管理出版社，2012．

[73] 郑秉文．中国养老金发展报告 2013 [M]．北京：经济管理出版社，2013．

[74] 郑秉文．中国养老金发展报告 2014 [M]．北京：经济管理出版社，2014．

[75] 郑功成．千亿年金多半出自垄断企业，专家忧拉大分配差距 [N]．北京晨报，2007 年 3 月 31 日．

[76] 郑功成．社会保障学 [M]．北京：中国劳动社会保障出版社，2005．

[77] 周黎安，张维迎，顾全林，汪淼军．企业生产率的代际效应和年龄效应 [J]．经济学（季刊），2007，6 (4)：1288 – 1318．

[78] 朱铭来，陈佳．中国企业年金税收优惠政策的比较与选择 [J]．当代财经，2007，(4)：29 – 34．

[79] 朱铭来，于新亮，程远．企业年金决策影响因素研究 [J]．保险研究，2015，(1)：8 – 21．

[80] 朱铭来．企业年金发展有赖税收优惠 [N]．人民日报海外版，2006 年 8 月 25 日第 005 版．

[81] 朱平芳，李磊. 两种技术引进方式的直接效应研究 [J]. 经济研究，2006，(3)：90 – 101.

[82] Agrawal A. , Gershon N. M. . Managerial Incentives and Corporate Investment and Financing Decisions [J]. *The Journal of Finance*, 1987, 42：823 – 838.

[83] Alderson, Michael J. and K. C. Chen. Excess Asset Reversions and Shareholder Wealth [J]. *Journal of Finance*, 1986, 41：225 – 241.

[84] Allen, S. G. and R. L. Clark, Pensions and Firm Performance. NBER *Working Paper*, No. 2266, 1987.

[85] Allen, S. G. , Clark, R. L. and A. A. McDermed, Pensions, Bonding, and Lifetime Jobs [J]. *The Journal of Human Resources*, 1993, (3)：463 – 481.

[86] Andersson, B. , B. Holmlund and T. Lindh. Labor Productivity, Age and Education in Swedish Mining and Manufacturing 1985—1996. Unpublished Paper, Uppsala, Sweden, 2002.

[87] Andrietti, V. . Pension Choices and Job Mobility in the UK. Working Paper 04 – 37 Economics Series 13, Universidad Carlos III de Madrid, 2004.

[88] Becker, D. . Human Capital：a Theoretical and Empirical Analysis [M]. New York：*Columbia University Press*, 1964.

[89] Bicksler, James L. and Andrew H. Chen. The Integration of Insurance and Taxes in Corporate Pension Strategy [J]. *Journal of Finance*, 1985, 40：943 – 955.

[90] Black F. , Myron S. . The Pricing of Options and Corporate Liabilities [J]. *Journal of Political Economy*, 1973, 81：637 – 654.

[91] Black, Fischer. The Tax Consequences of Long Run Pension Policy [J]. *Financial Analysts*, 1980, 36：21 – 28.

[92] Bloemen, Hans, Stefan Hochguertel and Marloes Lammerst Pension Rules and Labor Market Mobility. Working Paper, Vrije Universiteit

Amsterdam, SEO Economic Research, Tinbergen Institute, and Netspar, 2011.

［93］ Bodie, Zvi, Jay O. Light, Randall Morck, and Robert A. Taggart, Jr. Corporate Pension Policy: an Empirical Investigation ［J］. *Financial Analysts Journal*, 1985, 41: 10 – 16.

［94］ Carmichael, Lorne. Firm Specific Human Capital and Promotion Ladders ［J］. *Bell Journal*, 1983, （14）: 251 – 258.

［95］ Chen Xuanjuan, Tong Yu and Ting Zhang. What Drives Corporate Pension Plan Contributions: Moral Hazard or Tax Benefits ［J］. *Financial Analysts Journal*, 2013, （4）: 58 – 72.

［96］ Crépon, B. , N. Deniau and S. Perez-Duarte, Wages, Productivity and Worker Characteristics. A French Perspective. Mimeo, INSEE, 2002.

［97］ Datta, Sudip, Mai E. Iskandar-Datta and Edward J. Zychowicz. Managerial Self-Interest, Pension Financial Slack and Corporate Pension Funding ［J］. *The Financial Review*, 1996, 4: 695 – 720.

［98］ Davis, E Philip, Pension Funding, Productivity, Aging and Economic Growth. Paper prepared for the Third conference for the Monetary and Stability Foundation, Deutsche Bundes Bank, Frankfurt, July 2006.

［99］ DeMarzo, P. and D. Duffie. Corporate Incentives for Hedging and Hedge Accounting ［J］. *Review of Financial Studies*, 1995, 8: 743 – 771.

［100］ Dorsey, S. A, Pension Portability and Labor Market Efficiency: a Survey of the Literature ［J］. *Industrial and Labor Relations Review*, 1995, 48 （2）: 276 – 292.

［101］ Dorsey, S. A. . Test for a Wage-Pension Trade-off with Endogenous Pension Coverage. Unpublished paper, West Virginia University, 1989.

［102］ Dorsey, S. , C. Cornwell and D. Macpherson, Pensions and Productivity. W. E. Upjohn Institute of Employment Research, Kalamazoo,

Michigan, 1998.

[103] Even, W and D. Macphersom, The Eender Gap in Pensions and Wages [J]. *Review of Economics and Statistics.* 1990, 72 (2): 259 – 265.

[104] Feldstein, Martin and Stephanie Seligman. Pension Funding, Share Prices, and National Savings [J]. *Journal of Finance*, 1981, 36: 801 – 824.

[105] Foerster, wolfgan and Stefan Rechtenwald. Die betriebliche und Private Altersvorsorge, in: Franz Ruland and Bert Ruerup, Altersvorsorge und Besteuerung, Betriebswirtschaftlicher Verlag Dr. Th. Gabler, 2008, S. 136.

[106] Francis, J. R. and S. A. Reiter, Determinants of Corporate Pension Funding Strategy [J]. *Journal of Accounting and Economics*, 1987 (1): 35 – 59.

[107] Frank, Robert and Robert Hutchens, Feeling Good vs. Feeling Better: A Life Cycle Theory of Wage Growth. Department of Economics, Cornell University, 1988.

[108] Froot, K. , D. Scharfstein and J. Stein. Risk management: Coordinating Corporate Investment and Financing Policies [J]. *Journal of Finance*, 1993, 48: 1629 – 1648.

[109] Gabel, J. R. and G. A. Jensen. The Price of State Mandated Benefits [J]. *Inquiry*, 1989, 26: 419 – 431.

[110] Ghilarducci, T. and K. Terry. Scale Economies in Union Pension Plan Administration: 1981 – 1993 [J]. *Industrial Relations*, 1999, 38: 11 – 17.

[111] Gilson S. C. , Vetsuypens M. R. . CEO Compensation in Financially Distressed Firms: An Empirical Analysis [J]. *The Journal of Finance*, 1993, 48 (2): 425 – 458.

[112] Gilson S. C. . Management Turnover And Financial Distress [J].

Journal of Financial Economics, 1989, 25: 241 – 262.

[113] Goda, Gopi Shah, Damon Jones and Colleen Flaherty Manchester, Retirement Plan Type and Employee Mobility: The Role of Selection and Incentive Effects. NBER *Working Paper*, No. 18902, 2013.

[114] Hægeland, T. and T. J. Klette, Do Higher Wages Reflect Higher Productivity? Education, Gender and Experience Premiums in a Matched Plant-Worker Data Set. In: Haltiwanger, J. L., J. R. Spletzer, J. Theeuwes and K. Troske, 1999, The Creation and Analysis of Employer-Employee Matched Data, Elsevier Science, Holland.

[115] Haltivanger, J. C., J. I. Lane and J. R. Spletzer, Productivity Differences across Employers. The Roles of Employer Size, Age and Human Capital [J]. *American Economic Review*, 1999, (2): 94 – 98.

[116] Harris, Milton and Bengt Holmstrom, A Theory of Wage Dynamics [J]. *Review of Economic Studies*, 1982, (49): 315 – 333.

[117] Harrison, J. and W. Sharpe. Optimal funding and asset allocation rules for defined benefit pesion plans. In Bodie Z. and J. Shoven (eds.), *Financial Aspects of the United States Pension System*. Chicago: The University of Chicago Press, 1983.

[118] Haw, In-Mu, William Ruland and Ahmed Hamdallah. Investor Evaluation of Overfunded Pension Plan Terminations [J]. *Journal of Financial Research*, 1988, 11: 81 – 88.

[119] Heckman J.. Sample Selection Bias as a Specification Error [J]. *Econometrica*, 1979, 47 (1): 153 – 161.

[120] Hellerstein, J. K. and D. Neumark, Are Earnings Profiles Steeper than Productivity Profiles? Evidence from Israeli Firm-Level Data [J]. *Journal of Human Resources*, 1995, 30 (1): 89 – 112.

[121] Hernæs, Erik, John Piggott, Tao Zhang and Steinar Strøm. The Determinants of Occupational Pensions. Norway: University of Oslo Department of Economics, 2006.

[122] Holzmann, R. , Pension Reform, Financial Market and Eco-nomic Growth, Preliminar.

[123] Evidence from Chile. International Monetary Fund Staff Papers, International Monetary Fund, Washington, 1997.

[124] Horiba Yutaka and Kazuo Yoshida. Determinants of Japanese Corporate Pension Coverage [J]. *Journal of Economics and Business*, 2002, (54): 537 – 555.

[125] Hu Y. . Pension Reform, Economic Growth and Financial De-velopment-An Empirical Study. *Economics and Finance Working Paper* No 05 – 05, Brunel University, 2005.

[126] Hutchens, R. A. , Test of Lazear's Theory of Delayed Payment Contracts [J]. *Journal of Labor Economics*, 1987, 5 (4): S153 – 170.

[127] Hutchens, Robert M. , Seniority, Wages and Productivity: A Turbulent Decade [J] . *The Journal of Economic Perspectives*, 1989, 3 (4): 49 – 64.

[128] Ilmakunnas, P. , M. Maliranta and J. Vainiomäki, The Role of Employer and Employee Characteristics for Plant Productivity. Working Pa-per, No. 223, Helsinki School of Economics and Business Administration, 1999.

[129] Ippolito, Richard A. . Stayers as "Workers" and "Savers": Toward Reconciling the Pension-Quit Literature [J]. *The Journal of Human Resources*, 2002, 37 (2): 275 – 308.

[130] Ippolito, Richard A. . Toward Explaining the Growth of Defined Contribution Plans [J]. *Industrial Relations*, 1995, 34 (1): 1 – 20.

[131] Ippolito, Richard A. . Using Defined Contributions to Sift for Higher Quality Workers [J]. *Benefits Quarterly*, 1999, (3): 40 – 46.

[132] Jensen M. . Agency Costs of Free Cash flows, Corporate Fi-nance, and Takeovers [J]. *American Economic Review*, 1986, 76: 323 – 329.

[133] Jensen, G. , K. Cotter and M. Morrisey. State Insurance Regulation and Employers' Decisions to Self-Insure [J]. *Journal of Risk and Insurance*, 1995, 62: 185 – 213.

[134] Jensen, Michael and William Meckling. Theory of the Firm: Management Behavior, Agency Costs and Capital Structure [J]. *Journal of Financial Economics*, 1976, 3: 305 – 360.

[135] Johnson, R. W. , The Impact of Human Capital Investment on Pension Benefits [J]. *Journal of Labor Economics*, 1996, 14 (3): 520 – 554.

[136] Kotlikoff, Laurence J. and Jagadeesh Gokhale, Estimating a Firm's Age-Productivity Profile Using the Present Value of Workers' Earnings [J]. *The Quarterly Journal of Economics*, 1992, 107 (4): 1215 – 1242.

[137] Lazear, Edward P. . Agency, Earnings Profiles, Productivity, and Hours Restrictions [J]. *American Economic Review*, 1981, (71): 606 – 620.

[138] Lazear, Edward P. . Pensions as Severance Pay. In Bodie, Zvi and John Shoven, eds. , Financial Aspects of the U. S. Pension System. Chicago: University of Chicago Press, 1983, 57 – 85.

[139] Lazear, Edward P. . Retirement from the Labor Force. In Ashenfelter, Orley and Richard Layard, eds. , Handbook of Labor Economics. Vol. I, Amsterdam: North Holland, 1986, 305 – 355.

[140] Lazear, Edward P. . Why Is There Mandatory Retirement [J]. *Journal of Political Economy*, 1979, 87 (6): 1261 – 1284.

[141] Levinsohn, J. and A. Petrin. Estimating Production Function Using Inputs to Control for Unobservables [J]. *Review of Economic Studies*, 2003, 70 (2): 317 – 341.

[142] Macpherson, D. , Pensions and Training. Unpublished Paper. Florida State University, 1994.

[143] Malcolmson, James M. , Work Incentives, Hierarchy, and In-

ternal Labor Markets [J]. *Journal of Political Economy*, 1984, (92): 486 – 507.

[144] Marcus, A.. Corporate Pension Policy and the Value of PBGC Insurance. Working Paper, Boston University, 1983.

[145] McCormick, Barry and Gordon Hughes. The Influence of Pensions on Job Mobility [J]. *Journal of Public Economics*, 1984, 23: 183 – 206.

[146] Mealli, Fabrizia and Stephen Pudney. Occupational Pensions and Job Mobility in Britain: Estimation of a Random-effects Competing Risks Model [J]. *Journal of Applied Econometrics*, 1996, 11: 293 – 320.

[147] Miller M.. Debt and Taxes [J]. *Journal of Finance*, 1997, 32: 261 – 275.

[148] Mitchell, Mark L. and J. HaroldMulherin. The Stock Price Response to Pension Terminations and the Relation of Terminations with Corporate Takeovers [J]. *Financial Management*, 1989: 41 – 56.

[149] Mitchell, Olivia S.. Fringe Benefits and the Cost of Changing Jobs [J]. *Industrial and Labor Relations Review*, 1983, 37 (1): 70 – 78.

[150] Montgomery, E. and K. Shaw. Pensions and Wage Premia [J]. *Economic Inquiry*, 1997, 35: 510 – 522.

[151] Montgomery, E. , K. Shaw and M. E. Benedict, Pensions and Wages: an Hedonic Price Theory Approach [J]. *International Economic Review*. 1992, 33 (1): 111 – 128.

[152] Moore, Norman H. and Stephen W. Pruitt. A Comment on Excess Asset Reversions and Shareholder Wealth [J]. *Journal of Finance*, 1990, 4: 1709 – 1714.

[153] Myers, Stewart C. and Nicholas S. Majluf. Corporate Financing and Investment Decisions when Firms Have Information that Investors Do Not Have [J]. *Journal of Financial Economics*, 1984, 13: 187 – 221.

[154] Oi, W.. Heterogenous Firms and the Organization of Production

［J］．*Economic Inquiry*，1983，21（2）：147 - . 171.

［155］ Oi，W. . Labor as a Quasi-Fixed Factor ［J］．*Journal of Political Economy*. 1962，70（6）：538 - 555.

［156］ Olley，S. and A. Pakes. The Dynamics of Productivity in the Telecommunication Equipment Industry ［J］．*Econometrica*，1996，64（6）：1263 - 1297.

［157］ Papaioannou G. J. ，Elizabeth S. ，Nicholaos G. T. . Ownership Structure and Corporate Liquidity Policy ［J］．*Managerial and Decision Economics*，1992，13：315 - 322.

［158］ Rabe，Birgitta，Occupational Pensions，Wages，and Job Mobility in Germany ［J］．*Scottish Journal of Political Economy*，2007，54（4）：531 - 552.

［159］ Rosenbaum，P. R. and D. B. Rubin. Constructing a Control Group Using Multivariate Matched Sampling Methods that Incorporate the Propensity Score ［J］．*The American Statistician*，1983，（39）：33 - 38.

［160］ Saunders A. ，Strock E. ，Travlos N. G. . Ownership Structure，Deregulation，and Bank Risk Taking ［J］．*The Journal of Finance*，1990，45（2）：643 - 654.

［161］ Schiller，Bradley R. and Randall D. Weiss. The Impact of Private Pensions on Firm Attachment ［J］．*The Review of Economics and Statistics*，1979，61：369 - 380.

［162］ Schmidt-Hebbel，K. . Does Pension Reform Really Spur Productivity，Saving and Growth. Mimeo，The World Bank，1999.

［163］ Sharpe W. F. . Corporate Pension Fund Policy ［J］．*Journal of Financial Economics*，1976，3：183 - 194.

［164］ Skirbeck V. . Age and Individual Productivity，a Literature Survey. MPIDR Working Paper WP 2003 - 028，Rostock，Germany，2003.

［165］ Smith，C. and R. Stulz. The Determinants of Firms' Hedging Policies ［J］．*Journal of Financial and Quantitative Analysis*，1985，20：

391 – 405.

[166] Stulz, R. Optimal hedging policies [J]. *Journal of Financial Economics*, 1984, 26: 127 – 140.

[167] Tan, Hong W. and Atsushi Seike. Pensions and Labor Turnover in Japan. Working Paper, No. 39, Working Paper Series, Center on Japanese Economy and Business, Graduate School of Business, Columbia University, 1989.

[168] Tella Di R. and R. MacCulloch. The Consequences of Labor Market Flexibility [J]. *European Economic Review*, 2005, (49): 1225 – 1259.

[169] Tepper, Irwin. Taxation and Corporate Pension Policy [J]. *Journal of Finance*, 1981, 36: 1 – 14.

[170] Worthington, Andrew C.. Knowledge and Perceptions of Superannuation in Australia [J]. *Consum Policy*, 2008, 31: 349 – 368.